桂子

めざせ!

ムショラン三ツ星

刑務所栄養士、今日も受刑者とクサくないメシ作ります

朝日新聞出版

はじめに

クサくないムショメシをめざして

「男子刑務所に勤務する管理栄養士です」

こう自己紹介するとほとんどの人に驚かれる。おかげでインパクトは絶大。「あの、刑務所の人」で覚えてもらえる。栄養士仲間からも「初めて会った」と珍しがられる。そんな、栄養士も知らない栄養士。それが刑務所栄養士だ。

ちなみに刑務所だけでなく、懲役○年といった刑が確定していない裁判中の者が収容される拘置所にも栄養士はいる。そして、さらに少ないが少年院にも。ただし、それら矯正施設のすべてに栄養士がいるわけではない。しかもその多くが非常勤の栄養士であり、私のように法務省の専門職である「法務技官」（国家公務員）の管理栄養士は、全国に20名ほどしかいない希少種だ。特別天然記念物のイリオモテヤマネコでさえ100頭ほど生息しているというのに、その5分の1とは。絶滅危惧種に指定して保護してほしいくらいだ。

それはさておき、ほとんど知られていないことだろうが、刑務所で受刑者たちが食べる給食は彼ら自身が作っている。管理栄養士である私の仕事は、毎月のメニューを考えて、週に1〜2回は受刑者と一緒に炊場《すいじょう》(炊事工場)に立ち、彼らに調理指導をすること。

最初にそのことを知ったときは驚愕《きょうがく》した。まさか自分が受刑者と接することになるとは、夢にも思わなかった。それに怖いと思った。この人たちは何をしてここに来たのだろうと思うと、どうしたらよいのかわからなかった。監視カメラに映る範囲から外れないようにしたし、背後に入られないようなるべく壁際に立つようにしていた。ヤクザ映画で見るような眼光鋭い荒くれ者が勢ぞろいなのだろうと想像していた。

しかし、実際はごくごく普通の男子たちだった。威勢のよさそうな若者もいるが、気弱そうな初老もいる。腕や背中に描かれた立派な絵柄を見かけると、やっぱり刑務所ならではと感じるが、それも慣れなのだろう。給食作りを通して垣間《かいま》見る彼らは、娘の成長を願う父親だったり、母親の生活を案じる息子だったりして、生まれもっての悪党なんかじゃないと思わせる場面に遭遇することも多々ある。

「俺のせいで母ちゃんは店を畳みました。うちの母ちゃん、客商売が好きなんですよ。

だから、俺がここを出たらもう一度母ちゃんに店をもってもらいたいんです」

そんな言葉を聞くと、涙腺が刺激され、感情移入してしまいそうになる。おっとヤバい。

かと思えば、刺青《いれずみ》だらけの男がドーナツがうまくできたことに喜んで、

「俺をミスタードーナツと呼んでくれ」

などと吹聴《ふいちょう》し、周りを笑わせている。そんな姿をそばで見ていると、そのギャップに笑いがこみあげてくる。

といっても、刑務所にはそれぞれ特徴がある。初犯の受刑者を収容する刑務所、長期刑を収容する刑務所、累犯《るいはん》（再犯）を収容する刑務所、交通事犯を収容する刑務所、女子刑務所など。私がある意味お気楽に構えていられるのは、初犯の受刑者としか接する機会がないからかもしれない。

「おはよ〜。昨日のハンバーグはどうだった？」

なんて、休憩時間とはいえ気楽に受刑者に話しかけることは、無期懲役の受刑者がゴロゴロいるような刑務所ではあり得ないのだろう。うちだって、非常ベルが鳴ったり、どこからか罵声が聞こえてきたりするのは日常茶飯事。今ではいちいち驚かない。

そういえば、こんなこともあった。夕食の焼き魚の準備で、私と川口君（仮名、以下すべて）は魚の切身を天板に並べていた。ふいに彼が、こんなことをつぶやいた。

「先生、オレ、ここに来てから料理に興味をもちました」

彼に話しかけられたのはそのときが初めてだった。すぐさま彼のほうを向いたが、彼の目線は天板を見下ろしたままで黙々と魚を並べている……。〈あれ？　今、話しかけられた気がしたけど、聞き違い？〉と耳を疑ったが、すぐに気づいた。刑務官にバレないように、彼はわざと私と目を合わせずにつぶやいたのだ。作業上、会話が必要な場合は「交談許可お願いします！」と炊場担当の刑務官に申し出て、「ヨシ！」と許可をもらわなければならない。

しかし、「作業上必要な会話でない」と判断した彼は、こっそり伝えたかったのだろう。刑務官は彼らの動作報告一つひとつに「ヨシ！」と指さし確認しながら、常に炊場内を動き回っている。補助の刑務官が来ると、2人体制でそれを行う。彼らが少しでも怪しい動きをしたり、コソコソ話したりすれば激しく叱責《しっせき》されてしまう。近くに刑務官がいない場合でも、監視カメラの向こうでは別の刑務官に見られている。

私は彼と目を合わせないまま魚を並べる手を止めずに、こう言った。

「そうなの？　うれしいなぁ。じゃあここを出たら家族に作ってあげないとね」

「そうですね……」

相変わらず、黙々と魚を並べながら彼はそう答えた。なんだか、心がほんわか温かくなった気がした。彼はなぜわざわざそんなことを私に伝えたのだろうか。そしてそれを確かめる機会もなく、彼は卒業した（何となく出所という言葉が嫌で、勝手に「卒業」と言っている）。その後、彼は家族に料理を作ったのだろうか、そもそも彼がどんな罪でここにいたのかも知らないが、ふと思い出す。もしかしたら、彼を待つ家族などいなかったかもしれない……。

私がこの仕事にやりがいを感じられるのは、彼らの「ウマかったっス」という言葉があったからだ。職員と受刑者という立場でありながら、あるときは同じ釜の飯を「食う」ならぬ「作る」仲間であり、またあるときは料理を教える先生と生徒、そしてまたあるときは調子に乗った言動に説教する母親と息子、そんな場面をいくつも過ごしてきた。

川口君に限らず、「ここに来て初めて料理をしました」と打ち明けてくれる受刑者は、少なくない。彼女に作らせて自分は食べるだけだったとか、ほとんど外食だったとか、コンビニ弁当が多かったとか、食生活に無頓着《むとんちゃく》な男子が多いと感じる。朝も食べたり食べなかったり、昼はボリュームのある肉ばかりの定食を食べ、夜はアルコール三昧《ざんまい》。若いうちはよくても、中高年になってくると生活習慣病まっしぐらだ。

では、健康的であればおいしさは二の次でよいのかというと、これまた悩むところである。30年ほど前に勤務していた病院の給食は、よく患者から「おいしくない」と苦情を言われていた。医師の指示に従い、管理栄養士が作成した献立であっても、まずいからと残されてしまったら意味がない。

給食というのは、病院なら患者さんの治療のため、老人施設ならご老人の健康のため、学校なら子どもたちの成長と健康のため、それに保護者の負担を軽減していることから保護者のためでもあると思う。では、刑務所給食は誰の何のためかと問われると、やはり受刑者の健康のためだ。

「税金で贅沢《ぜいたく》させるな」

「受刑者なんてクサいメシでも食わせておけ」

そんな世間の声があることは知っている。しかし、「うまい＝贅沢」ではないと思う。食事は刑務所生活の中で最大の楽しみ。それを飼料のように毎日同じものにしてしまったら、本当の意味での更生につながるのだろうかとも思う。そんな見方を少しでも変えたい。

刑務所の中の日常。それは社会の日常と同じく、笑いあり、涙ありと、喜怒哀楽が入り混じっている。だが、刑務所の中の出来事をおもしろおかしく書くことは不謹慎ではなかろうか。そんな思いもよぎったが、とにかく思いつくままに書いてみることにした。実際、私の目から見た彼らは、おもしろおかしい愉快な仲間たちなのだ。

そんな彼らと一緒にめざしているのは、ミシュランならぬムショラン三ツ星。ちなみにムショランとは、もちろん造語。私がセミナーコンテストに参加した際に自己紹介で披露したところ非常にウケたので、以来、愛用している。

受刑者たちと炊場に立ち始めて10年を超えた。料理初心者の彼らがちょっとでもおいしく作れるようにと、新しい給食メニューを考え、レシピを改良してきた。

ムショラン三ツ星獲得は、もう目の前だ！

めざせ！
ムショラン三ツ星
目次

第2章

「みょうがはどこまでむくんですか？」

第3章

★★★

全国刑務所人気ナンバーワン！「どんぶりぜんざい」

第4章

★★★

「愛情の安売りはよくないですよ」とたしなめられて

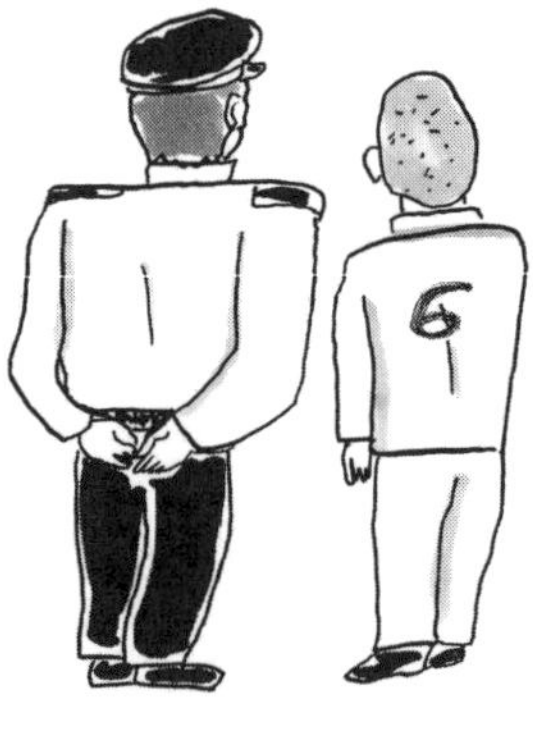

めざせ!

ムショラン三ツ星

刑務所栄養士、今日も受刑者と
クサくないメシ作ります

・刑務所内の記述について著者を除いて
登場する人物はすべて仮名です。
・一部、事実と異なる表現を用いている箇所もあります。
・記載内容は執筆時点です。

第1章　みりんも
バナナの皮もアルミ包装もNG！

日本一小さな男子刑務所に就職

「刑務所の食事は受刑者が作ってるんだよ」

採用担当の刑務官はさらっと答えた。

今から11年前、平成24年に管理栄養士としての採用が決まり、手続きのために岡崎医療刑務所を訪れたときのことだった。必要書類を提出し、何か質問があるかと聞かれ、調理員の人数を尋ねると冒頭のセリフが返ってきたのだ。刑務所で働くといっても、てっきり〝給食のおばさん〟がいるものだと思っていた。

「あのぉ……、誰が調理を教えるのですか」

恐る恐る尋ねたところ、

「そりゃあ、栄養士さんだよ」

と、刑務官は知らなかったの？と言わんばかりに笑いながら言った。

いやいや聞いてないし、笑いごとじゃなくない？と思ったが、ここでジタバタしてもしょうがない。顔は平静を装っていたが、頭の中はプチパニックだった。もしかしてとんでもないところに就職しちゃった？　いや、でも今さら引き下がれない。だって、今の学校栄養士（公立の小中学校に勤務し、学校給食の献立作成や給食管理業務を行う管理栄養士および栄養士のこと）の仕事は来月の3月末までだし、離婚したし、住宅ローンもあるし、2人の娘を育てないといけないし、ここがダメなら無職だし……。

いろんな思いが交錯したが、時間的には数秒だっただろう。この採用でせっかく人生最大の崖っぷちから這《は》い上がれたと思ったのに、このチャンスを逃すわけにはいかない。

「わかりました。よろしくお願いします」

内心はマジかぁ！と叫びつつ、にっこり笑顔で返した。そうはいっても、ここって男子刑務所だよね。調理場では当然刃物だって扱うはずだし、怖い人が包丁持ってたら、さらに怖いんですけど……。

そんなことも知らずに就職してしまった自分を一瞬恨んだ。もちろん採用試験の前には、インターネットで「刑務所　栄養士　仕事」と入れて検索をした。しかし、刑務所栄養士の具体的な仕事内容がわかるものは見つけられなかった。要は365日、朝昼夕3食の献立を作成すればいいのだし、それに伴う書類作成や食材の発注、検収を行えばいいのだろう。〈老人ホームや病院での勤務経験があるから大丈夫！〉と、自分に言いきかせて腹をくくることにした。というか、くくるしか選択肢はなかった。

岡崎医療刑務所は、男子のみを収容している日本一小さな刑務所だ。定員は257人だが、私が働き始めた時期の実人員は210人で、現在は80人程度まで減っている。医療と名がつくのは、精神疾患や何らかの障害をもつ受刑者をおもに収容していて精神医療を行っているからで、医療法の上では有床診療所に相当する。そのような受刑者はここを何度も出入りしている累犯《るいはん》なのだそうだ。一方で、初めて刑務所に入る初犯も収容している。

愛知県岡崎市の市街地から10キロほどの距離に立ち、少し北に行くと小学校がある。以前は校庭で遊ぶ子どもたちのにぎやかな声がよく聞こえたものだが、新型コロナウイルスによる生活様式の変化で元気な声が聞こえなくなって久しい。今でこそすぐ近くに幹線道路ができ、住宅や商業施設が立ち並んでいるが、小学校ができる前は木々がうっそうと生い茂る山の中だった。今も刑務所の運動場の奥は山のままで、イノシシやサルもいるらしい。私が子どもの頃は、道も狭く、日中でも薄暗い山の中にこの刑務所がポツンとあり、気味が悪いという印象だった。

ちなみに刑務所や少年院がある場所は発展すると言われている。名古屋刑務所は三好町（現みよし市）に移る前は名古屋市の住みたい区ランキング1位の千種区《ちくさ》にあったというし、豊田市にある愛知少年院の周りも真新しい駅ができて人気の住宅地になっている。近くに住宅が増え、その住民から煙たがられるようになり移転、するとまたその地域が住宅地になって、また煙たがられるというのは、「刑務所あるある」らしい。当所も昭和37年に今の場所に移転する以前は、明治時代から現在の市の中心街にあたる康生町《こうせいちょう》にあったのだ。

話をもとに戻そう。移転時に建てられた現在の建物は、昭和の佇《たたず》まいを色濃く残している。敷地は約7万3000平方メートルあり、運動場、工場、居室棟、事務棟からなる。刑務所らしく周囲はぐるっと塀に囲まれているものの、それほど高くもなく、通りすがり程度なら刑務所だと気づかない人もいる。

築60年以上にもなる建物は老朽化が目立ち、天井はいろんな配管がむき出しになっているし、木枠の扉は欠けた部分もあってすきま風が吹く。山の斜面に建てられているために敷地内は段差が多く、人が乗れるエレベーターはない。そのため、高齢受刑者が階段を移動するときは、刑務官や看護師が複数名で抱きかかえるように上り下りしなければならない。バリアフリー環境なんて夢のまた夢だ。館内は全体的に薄暗く、〝監獄〟と呼ぶのにふさわしい雰囲気を醸し出している。

レトロつながりでいえば、平成28年度で廃庁になった奈良少年刑務所は、明治41年竣工時の建築物が現存していたそうだ。そのため、歴史的価値が高く、現在は旧奈良監獄として重要文化財に指定され、将来的にはホテルとして生まれ変わると聞いている。それと比べたらえらい違いようだ。うちだって、昭和レトロといえば聞こえはいいが、正直ただボロいだけで、歴史的価値はというと残念なものである。

何十年ぶり。女性刑務所栄養士

刑務所にはさまざまな職種の職員がいることをご存じだろうか。看守などの役割を担う刑務官だけではなく、教育専門官や福祉専門官（社会福祉士）といった各種専門官、ほかにも技官として医師や看護師などの医療スタッフ、作業療法士、さらに私のような管理栄養士等が在籍している。

職員は男性が大多数だが、事務や清掃をする女性職員もいる。刑務官以外は決められた制服がない。そのため、栄養士の私も、公務員らしからぬ派手な服装でなければなんでもいいのだが、これまでの経験から白衣（最近は白衣が汚れやすいので、ジャージに変更）を持参して着ることにした。白衣を着てしまえば、その下はラフなTシャツやパンツでいいから楽なのだ。

そうそう、1点だけ暗黙のルールがある。それはスカートをはかないということだ。栄養士以外に看護師やその他専門職の女性職員も在籍しているが、これだけは全員が徹底している。そのあたりは塀の中に入る女性来訪者も心得ていて、必ずパンツスタイルだ。当所に限らず、全国各地どこの刑務所でも「参観」といって外部団体からの見学を受け付けている（新型コロナの感染拡大のため中止になっていたが、今後、再開の見込み）。多いのは、出所後の受刑者に寄り添い、更生を支援する法務省所属の保護司の団体で、ほとんどが年配の方々だ。たまに法学部系の大学生が訪問するときなどは、タンクトップやミニスカートなどの露出の多い服装を避けるように注意しておくらしい。

私もパンツスタイルに合わせて、靴も動きやすいスニーカーだ。化粧だって気分が乗ったときにするくらい。コロナ禍では常にマスク姿だったので、余計に化粧などしなくなった。そもそも栄養士は現場に入れば、さらに帽子も被らなければならない。マスクや帽子にファンデーションがつくのも嫌なので、ほぼスッピンに近い状態で勤務することに慣れてしまった。

ロッカー室では「黒柳《くろやなぎ》さんって、いつも出勤してから眉毛描いてますよね」などと言われる始末。女子力が落ち、どんどんオバサン化することに危機感はあるが、こと男子刑務所では都合がいいらしい。風紀を乱す心配がないからというが、よく考えたら大変失礼な話である。

「今度の栄養士は女らしいけど、大丈夫か?」

前任者は男性栄養士だった。その前々任者も。ここ何十年もここの栄養士は男性だったため、私の採用が決まってから女性栄養士に務まるのかという声が上がったらしい。それに、女性が現場をうろつくとなると刑務官が気を使うというのも、不安の声が上がった理由だと聞いている。私からすれば、そもそも栄養士なんて女性が大半の職種であり、男性のほうが珍しい。

しかし、刑務所や少年院などの矯正施設においては法務技官栄養士の半数が男性。

このほうがレアである。男子刑務所であれば、やはり男性のほうが安心というのもうなずける。しかし、最近は男子刑務所であっても女性職員を配置する傾向があり、男女による性差が小さくなりつつあるようだ。そのためには、ちょうどよいオバサンを採用するのがうってつけだったのだろう。ちなみに女子刑務所に若いイケメン刑務官は、配属させないらしい。やはり風紀が乱れる可能性があり、仕事がやりにくくなるからと聞くが、実際のところ本当なのかどうかは知らない。

チームメイトは受刑者たち

一般給食施設の栄養士と何が違うかって? いろいろありすぎるが、とりあえずここでは二つに絞って説明する。まず一つは、鍵を常に持っていて、現場に行くまで何カ所も使わなければならないところ。多いと鍵を8個くらい持っている。

私の机があるのは塀の外だが、近くの窓を開ければそこはもう塀の中だ。中に入るための最初の門は暗証番号と手のひらの静脈認証で開くもので、真冬の寒い日は血流が悪くなっているせいか、なかなか反応しなくて困る。手をこすったり、息を吐いて手を温めたりしてからでないと開錠されずに足止めを食らうことがある。

しかも、鉄製の扉は非常に重く、丁寧に閉めないとガチャンと大きな音が響いてうるさい。そんな扉で真冬にかじかんだ指を挟んでしまったときの痛さといったら悶絶《もんぜつ》ものだ。その先も二重扉になっているし、向こう側から職員が来ているときは、どちらかが開扉を譲らないといけない。向こう側もこちら側も両方の扉が開いた状態は、保安上好ましくないからだ。

そんな幾重にもある扉を開けてようやく調理場にたどり着く。給食の調理場のことを「炊事工場」、略して「炊場《すいじょう》」。刑務所特有の言葉だ。そうそう、鍵とセットで、防犯ブザー代わりに呼子《よびこ》（ホイッスル）ももらった。近くに非常ベルがない場所で危険を感じたり、何らかの緊急事態があったりした場合に吹くのだという。もらったときは、〈え？　そんな場面があるのですか？〉〈これで身を守るって本気なのか？〉と、いろんな思いが駆け巡った。

さっそく、「吹いてみていいですか？」と聞いてみたところ、全力で止められた。吹くとどこからともなく刑務官が走って集まってきてしまうのだとか。

今年で11年目になるが、幸い一度も吹くような場面に出くわしたことはない。男子刑務所で女性職員が襲われたというのは、ほかの施設を含めて聞いたことがない。お守りみたいなものだと思っている。

もう一つは、チームメイトが受刑者たちだということ。しかも、調理経験などほとんどない男子。彼らは「準備係」「下処理係」「炊飯係」「揚げ物係」など作業ごとに細かく分担している。そのため、まったく調理ができなかった受刑者でも、それなりに仕事を覚えて頼れる存在になっていくのだが、順に卒業してしまう。そしてまた新人さんが入ってくる。その繰り返しだ。

また、炊場には彼らを指導する「炊場担当」の刑務官が常駐しているが、彼の仕事はあくまでも監督や監視であって、調理指導ではない。早い話が彼もまた調理経験があるとは限らない。しかも、1年から2年で交替してしまうのだ。

病院でも施設でも学校でも、給食は栄養士と調理員らのチームで作られている。栄養士が施設に合ったメニューを考え、それをもとに調理員が作る。このチームワークが悪かったり、信頼関係がきちんと築けていなかったりするといい給食はできない。

若い栄養士がベテラン調理員にうまく指示できなかったり、知識だけあってスキルが伴わなかったりするようでは、調理員から信頼されない。

逆に、ベテラン栄養士が調理員のスキルや設備環境、そのほかの条件を考慮せず独りよがりな献立作成をしたら、やはり信頼されない。そうなると、チームワークなど整うはずもなく、おいしい給食などできない。

さて、私のチームメイトである炊場で働く受刑者は、現在11人。そのうち、2〜3人が入れ替わりで休みになっていて、残りも「早番」「遅番」に分かれている。調理にあたっているのは常時7〜9人で、近隣の拘置所の分も含めて約110人分の給食を用意している。その作業風景はかなり独特なもので、

「にんじん入れます！」

「しょう油入れます！」

と、いちいち報告しながら作業を行う。

それに対して、刑務官が「ヨシ！」と、これまたいちいち指さし確認をする。体育会系の部活のように思えて、〈なんだここは？〉と、違和感を覚えたものだ。

少し話が逸れるが、私が着ている白衣には前ポケットが二つと胸ポケットが一つある。初めの頃、胸ポケットにはボールペンを差していたのだが、あるとき刑務官から注意された。

「奪われて刺されたらどうするの?」と指摘され、ここが刑務所内であり、あらゆる危機管理能力が必要なのだとわかった。そのため、塀の中でボールペンをうっかり落とした場合でもかなり叱責《しっせき》される。クリップ一つでもヘアピン一つでも落とし物などできないのだ。

常に緊張していなければならない塀の中。そんなところで受刑者に調理を教えるなんて、どうしたらいいのだろう。とにかく最初は刑務官と受刑者の会話に耳を傾けた。どんなふうに話しているのか、どんなタイミングで話しかけたらよいのかを知るためだ。刑務官は受刑者を姓名で呼び捨てにする。そして基本的に命令口調だ。相手が明らかに年上でも、

「鈴木、これを片付けろ」

といった具合。これを私が同じように言っていいのかわからない。

しばらくして女性看護師が「○○君」と呼んでいるのを耳にした。そこで私も真似

て「○○君」を用いるようにした。ちなみに、受刑者は職員のことを（公式には）「先生」と呼ぶ。だが、自分たちが働く工場につく担当刑務官については親しみと尊敬の意を込めて「オヤジ」となる。まぁ、陰ではあだ名をつけているらしいが……。

担当刑務官は、学校でいえば担任の先生のようなものだ。仲間同士でいざこざがあれば仲裁に入って個々に話を聞いたり、家族関係の悩みを聞いたりもする。就業中は大声で号令をかけたり、厳しく叱責したりすることもあるが、一対一でしんみり話していう場面に出くわすと、私はそっとその場を去るようにしている。そういえば、誰かがこんなことを言ってたっけ。

「俺たち刑務官って、檻《おり》の中にいる受刑者をただ外から見てるだけって思われてるんだ。実際は違うのにさ」

責任重大すぎる厚焼き玉子20等分

なぜ受刑者が給食を作るのか。それは、給食調理が刑務作業のうちの一つだからだ。

刑務所では木工製品や紙製品等を作る工場とは別に、自営作業として炊事や洗濯、掃除など身の回りのことも自分たちで行っている。

基本的に刑務所で炊場に配属されてくるのは、体力があり頭もいい〝エリート〟受刑者たちだ。反抗的だったり、情緒不安定だったり、素行の悪い者は配属されない。

炊場に素行の悪い受刑者が来られたら、都合が悪いのだろう。刃物や火などの危険なものを扱う場所であること、食べられるものがたくさんあるために盗み食いなどの不正が起こりやすいこと、嫌がらせとして食事に何かを混入されたりする可能性もあることなどから、炊場には素行のいいエリートが集まると言われている。しかし、PFI法（民間資金等の活用による公共施設等の整備等の促進に関する法律）ができてからは、選《え》りすぐりのエリートはPFI法で運営される官民協働の刑務所に引っ張られてしまい、どこの刑務所でも受刑者の人事担当刑務官たちがエリートを取り合っているらしい。

そのため、どこの刑務所でも全体的にエリートが減っているようで、調理技術も伴わない受刑者が増えてきたと言われている。言うまでもないが、決して楽ではない労働に加えて、過酷な環境でもあるため、若くて健康であることは必須条件だ。だからこそ作業報奨金の時給がほかの工場に比べて高いのだ。とはいっても、受刑者のそれは平均で月に4000円、多くても1万円だという。

炊場での私の役割はというと、調理指導や調理のサポート。調理員が足りないからといって、私が代わりに駆り出されて、受刑者に混じって調理をすることはめったにない。これが一般の給食施設なら、調理員のパートさんが休むと栄養士が代わりに調理場に入り、事務作業はサービス残業で行うというのが日常茶飯事なのだから、そのあたりは非常に〝ホワイト職場〟なのだ。


そんな私の調理指導デビューは、突然訪れた。初出勤から2週間ほど経った頃だろうか。内線電話で炊場担当の多田刑務官から呼び出された。

「もしもし、栄養士さん？」

「ちょっと困ったことがあって。炊場まで来てくれませんか？」

何だろうと思いながら、炊場まで走らずに急ぐ。刑務所内で職員が走ってよいのは緊急時だけ。うっかり走ってしまったら、見つけた刑務官が「何かありましたか？」と駆け寄ってきてしまう。競歩のような足取りで鍵を何カ所も開けて進み、さらに炊場専用にしている水色の白衣と長靴に替えて炊場の中に入った。

「厚焼き玉子が切れてないんですよ」

多田刑務官が神妙な面持ちでそう言った。見ると、業務用食品の厚焼き玉子がまな板の上にのっている。通常は1パックが20個に切れているものを購入しているが、たまたま切れていないタイプが納品されたらしい。切れていないなら切ればいいだけなのに。なんで私を呼ぶのだろう。そう思いながら目分量で20等分に切った。

「おぉ〜」

周りにいた受刑者たちが、小さくどよめいた。なに？　この反応は？

「じゃあ、あとは同じように切ってね」

そう言って、残りの厚焼き玉子を受刑者に任せようとしたら、待ったがかかった。

「栄養士さんが全部やってください」

「俺らには責任が重すぎます」

などと言う。なんだそりゃ？　彼らが切ってうまく均等にできなかった場合、刑務官からあれが大きいこれが小さいなどと言われる可能性がある。しかし、栄養士の先生が切ったなら誰も文句言わないんですとのこと。それに、2等分にしてさらに2

等分と切っていくならやりやすいが、20等分の場合、奇数に切り分けなければならない場面が出てくる。そうか、2等分×2等分×5等分になる。この「5」がかなりのプレッシャーらしい。なるほど（笑）。

受刑者がそんな些細《ささい》なことにビビッていることに驚きつつも、笑ってしまいたくなった。彼らにとっては、500グラムの厚焼き玉子を均等に20個にすることがいかに責任重大なのか、このときの私は理解できていなかったのだ。

私が「平等」の厳格さを身に染みて実感するのは、もう少し先の話。このときの私は、チームメイトたちのやや小心にも見える様子に心もとなさを感じていた。

暑くて寒い！　過酷な労働環境

うちの炊場は、ほかの設備同様になかなかの昭和レトロっぷりだ。蒸気機関車のような蒸気が吹き上がる音が時折響いている。天井がやたら高いために埃《ほこり》のたまったむき出しの配管は、きっと何十年も掃除なんてできていないだろう。

それでも炊場に入るときは、さきほども書いたように衛生的な炊事専用の白衣に着替え、靴も「官《かん》」から支給された長靴に履き替えないといけない。ちなみに官から支給された物品を「官物《かんぶつ》」という。これも初めて聞いたときは驚いたものだ。栄養士が「かんぶつ」と聞いて真っ先に思い浮かべるのは、切り干し大根やひじきなどの「乾物」だからだ。水で戻して使う長靴（？）と受け取ってしまい、一瞬固まったが、危ない危ない、すぐに理解した。

今どき、給食施設で常に長靴を履くなんてあり得ない。病院の調理場、老人ホームの厨房、学校の給食室など、今までに何カ所も給食現場を見てきたが、これまでに見てきた中でうちはダントツに古い。平成8年に大阪・堺市で起こったO157による食中毒事件を機に、当時の厚生省（現厚生労働省）が「大量調理施設衛生管理マニュアル」を作成し、何度も改正されている。昭和の時代は長靴で調理作業を行い、床が汚れたら、とにかく水を撒《ま》いて掃除するというのが普通だった。

しかし、給食施設の運用はガラッと変わった。床を濡らすと、不衛生な水を介して食中毒菌が蔓延《まんえん》する可能性が高くなる。今では調理場内を濡らさずに運用することが基本なのだ。そのため、長靴ではなく防水性で丈の長くない作業靴を履くことが常識になっている。なのに、長靴って……。

炊場内を衛生区域と非衛生区域に分けて運用することも、刑務所では難しい。野菜を洗ったり切ったりする下処理を行うのは、非衛生区域だ。水を大量に使うため、どうしても水浸しになってしまう。そのため、一般の給食施設では、加熱調理や盛りつけを行う衛生区域に水が浸入しないよう壁や段差で仕切られている。そして非衛生区域だけ長靴を履くこともある。

しかし、刑務所では仕切りは死角ができてしまうため、刑務官の監視の目が届かない。そのため、担当台といって刑務官が立つ場所は一段高くなっていて机や引き出しがあり、そこから見渡せる範囲には極力死角がないように、ワンフロアにさまざまな調理機器が配置されている。

現在でも床が汚れたら水を撒いてきれいにしているが、床からはねる水でも汚染につながることから、扉がなければ床上60センチに食材はもちろん、調理器具類も置けない。当然、それに見合った構造や材質が必要なのだが、昭和30年代にできたこの炊場は、そんな構造にはなっていない。結果、床がびしょ濡れになるため長靴が必須なのだ。

何よりつらいのが炊場内の室温だ。夏は40度近くまで上がり、湿度は70パーセントの熱帯雨林になる。その原因の一つが、炊場に2台ある回転釜だ。

回転釜とは大きなお鍋で、鍋の横にあるハンドルを回すと手前に90度近くまで傾けられる構造になっている。うちの釜は直径1メートルぐらいだろうか。浴槽で表現すると1人用といった感じ。2人で入ると、ちょっと狭いかな。

この釜で野菜などをゆでたあとに残り湯を排水すると、お湯がザザーッと1メートルほど手前にある排水口に向かって、ゆるい傾斜を流れてくる。そのため、釜から排水溝までの間は常に水浸しだ。足先まで芯から冷える冬場なら、足湯のように長靴の中が温かくなってうれしい瞬間だが、夏は蒸し風呂状態。

しかも、回転釜の熱源がボイラー（これまでの経験では大半がガス式）なので、その排熱も加わって、とにかく暑い。真夏は全身汗でびしょ濡れになりながらの作業になる。そうかと思えば、冬はタイルの床が底冷えし、つま先が痛くなるほど身体《からだ》の芯まで冷えてしまう。そのため、しもやけに悩まされる者が少なくない。なかなか過酷な労働環境なのだ。

ちなみに、これが１０００人以上収容するような大規模刑務所の場合は、ひと回りもふた回りも大きな釜がずらっと並び、家族4〜5人で入れそうな釜がど～んとあるような刑務所もある。当然、それに付随する調理器具もデカい。材料をかき混ぜるためのへらは船をこぐオールのようだし、できた料理をすくうためのお玉は頭に被れそうな感じだ。それらに比べれば、うちの炊場は全体的にこぢんまりしているので初心者でも扱いやすいともいえる。

号令に始まり号令で終わる炊場の1日

刑務所は、受刑者が寝食を共にする居室エリアと刑務作業をする工場エリアに分かれている。居室はうちだと4人部屋が大半で、基本的に朝食と夕食、睡眠をとるための部屋だ。工場は、炊事工場と洗濯工場のほかに、軽作業を行う工場がある。身体的・認知能力的に症状が重く集団行動ができない者を除いて、受刑者たちはいずれかの工場に振り分けられ、作業をしたり昼食をとったりと日中をほぼ工場で過ごす。

私が午前8時30分に出勤して炊場に行くと、彼らはもう朝食の片付けを終えていて朝礼を行っている最中だ。始業にあたり、1人の受刑者が作業安全上の注意事項を大声で唱え、それを全員が復唱する。早口で何を言っているのかよくわからないが、「今日も1日、安全に仕事をやろう」といった内容だろう。そして1人の号令に続いて「イチ、ニ、サン、シ」と声を合わせて、屈伸などの体操で身体を動かす。最後に刑務官が訓示を行い、「作業始め！」の号令でそれぞれの配置について作業を始める。

その頃、私は発注した食料品を炊場に搬入する。搬入作業をはじめ、私の心強いパートナーになってくれるのが、食材の購入手続き等を行う「食料担当」の刑務官で、現在は4人目の杉山刑務官だ。「○月×日昼食のにんじん2キロ」「○月△日夕食の大根10キロ」と、2人で内容を確認して、受刑者に冷蔵庫へ運ばせる。

その間、調理係の受刑者が「先生！　明日の煮物なんですけど……」と作り方を尋ねてきたり、準備係の受刑者が「めんつゆが足りないので補充お願いします」と言ってきたりするので、その対応をしているとあっという間に午前10時を過ぎてしまう。

その頃には昼食の調理はほとんど終わっている。刑務官が作業を止めさせ、点呼を行い、10分ほどの休憩に入る。全員が食堂でお茶を飲んだり、自由に話をしたりできる数少ない憩いの時間だ。私は給食に対する意見を聞きたいときは、この時間に炊場

に顔を出すようにしていて、

「今年のクリスマスは何が食べたい？」

「おせち料理で好きな物は何？」

そう尋ねて回ると、彼らの意外な好みが知れたりして楽しい。

短い休憩を終えて作業が再開し、午前10時30分を過ぎると、昼食の配食作業や飯盛り作業に追われる。なにせ、全員分の麦飯を計量しながら盛りつけないといけない。2人がかりで麦飯を盛り、刑務官が一つひとつ台秤《だいばかり》で重量をチェックする。ここでも刑務官の「ヨシ！」という言葉が何度もこだまする。

盛られた麦飯は、流れ作業で別の受刑者がテンポよくフタをして、工場の食堂や居室棟ごとの大きな容器に数を確認しながら入れる。主菜の煮物や炒め物は「保温食缶（料理を入れて運ぶためのフタ付きの容器）」に人数分の重量を計量してフタを閉め、別の受刑者が配膳《はいぜん》車まで運んでいく。

1食の品数は基本的に主食のほかに副食が3品だ。朝は麦飯に味噌汁、市販の佃煮《つくだに》や惣菜のほかにふりかけや味付け海苔《のり》が定番と少なめ。昼食と夕食は、麦飯やパン、麺類などの主食のほかに揚げ物や煮物、漬物だったり、汁物、焼き物、デザートだったりとさまざまだ。一般的には昼食をエネルギー量多め、夕食を少なめにするが、うちでは夕食を多めにしている。夕方の5時には夕食が終わるため、朝までの時間が長く、空腹に耐えるのが大変だからだ。用意した食事を配膳車に載せて、工場の食堂や居室棟まで運んだところで炊場受刑者の仕事は完了になる。

そこまで終えると、今度は自分たちの食事の配膳に取り掛かる。ちなみに、刑務所で調理している食事は受刑者の分だけで、職員の分は含まれていない。味見ができるのは、検食（給食の量や質が適当であるかを評価するために配膳前に行うチェックのこと）を担当する一部の幹部と炊場担当刑務官、そのほか炊場に交替で入る刑務官と私くらいなので、給食の味を知らない職員も多い。私としてはなるべく多くの職員に味を知ってもらいたいのだが、その分の予算がない限りは基本的にできない。

午後12時30分、昼食が終わると運動の時間になり、彼らは運動用の帽子を被って運動場に出かけて行く。以前はこの時間にほかの工場の受刑者らと話すこともできたらしいが、コロナ禍以降は多くの人との接触を避けるため、それができないらしい。午後1時になると炊場に戻り、点呼、再び刑務官の号令に従って午後の作業を開始する。この時間帯から、その日は作業が休みの者から順番に風呂に入っていく。刑務所で毎日風呂に入れるのは、炊場受刑者だけの特権だ（炊場にだけ専用の浴場がある）。

風呂場は担当台の裏側のガラス扉の向こう側にあって、うっかり近づいてしまうと、ガラス扉越しに全裸の男と目が合ってしまう。そのため、この時間に炊場に入るときには、目線をそちらに向けないように気をつけている。ちなみに彼らが使うトイレは個室になっているものの、扉の上半分がガラス張りで上半身が見えるようになっている。運搬で必ず通るところにあるので気を使うが、誰かトイレに入っていると感じると、自然に目を逸らして素通りしている。風呂にしてもトイレにしても、うっかり目が合ってしまったら気まずいし、今のご時世、セクハラと言われてしまう可能性もなきにしもあらずだ。

さて、午後1時からは昼食で使った食器を洗ったり、残飯を処理したり、片付けを行う。回転釜の作動だけでもボイラーの音が騒々しいのに、さらに食洗器も作動させるもんだから、食器がガラガラと音を立てて、より一層炊場は騒がしくなる。調理係は夕食の準備や調理に取り掛かり、短時間勤務の者は自分の仕事を終えたら洗濯工場から届いたパジャマや部屋着、下着など各々の洗濯物をたたみ、帰り支度をする。

私のほうはというと、午前中は食料品の納品があって業者対応に時間をとられるが、午後からはそれもほとんどなく、手も比較的すいている。そのため、新メニューは受刑者と一緒に炊場に立って指導・サポートできる夕食に取り入れるようにしている。

午後3時ごろには再び10分程度の休憩があって、夕方4時過ぎには夕食の配食準備にかかるという繰り返しだ。

私の勤務時間は午前8時30分から午後5時までなので、その時間帯以外の彼らの姿は残念ながら知ることができない。夜にどんなテレビを見ているのか、何をしているのか気になるが、そこは私が踏み込むところではない。

身長がもっと高ければ……

「前の刑務所のほうが麦飯が多かった」

尾藤君がそうこぼした。

受刑者にも転勤のような制度が存在する。自身が希望して許可され、別の刑務所に移る場合もあれば、勝手に決められる場合もある。

ちなみに犯罪を起こしてまず行くところは警察だ。だが、そこから先、どのような場所をたどるのか知らない人は多い。逮捕されて警察署の留置場で生活し、取調室で取り調べを受ける。その後、裁判で刑が確定するまでは拘置所で過ごし、懲役刑が確定すると刑務所に移送されて来る。

しかし、最初の刑務所で刑期を終えるまで過ごすとは限らない。本人の意思とは関係なく配属先が決まる転勤がほとんどであるが、わずかに本人の希望による転勤もある。刑務所によっては、社会復帰のためにさまざまな資格を取得できる職業訓練施設があり、取得したい資格があるなど目的によっては受刑者の希望が通ることもあるのだ。晴れて資格取得して戻って来れば、「成績」もアップする。

成績とは、受刑者の担当刑務官が評価者になって、受刑者の生活態度や刑務作業への貢献度などに基づいてつける点数のこと。半年に一度その評価によって彼らの優遇区分が変わるので、受刑者にとっても非常に重要だ。区分は1類から5類まで5段階あって、点数が悪いと下げられることもある。区分によって、個室に入れたり、参加できる集会があってそこでお菓子を食べられたり、手紙を出せる回数が増えたり、さまざまな優遇を受けられる。成績がよければより快適に暮らせるし、仮釈放（刑期満了前に刑務所を出ることができる制度）も期待できる。区分ごとに名札の色が異なるため、お互いに「成績」が一目瞭然《いちもくりょうぜん》になっているのだ。

尾藤君は職業訓練でうちから某刑務所に移り、数年してまたここに戻ってきたばかりだった。そのため、某刑務所の食事と比べてうちの麦飯は少ないと感じたようだが、そんなはずはない。

受刑者の食事については、通称「赤六法《あかろっぽう》」の中で事細かに定められており、それに従って給与されているからだ。赤六法の正式名は、『矯正実務六法《きょうせいじつむろっぽう》』という。上下2巻からなり、刑務所職員が仕事をする上で必要な法令集である。憲法から始まり、政令、省令、訓令、通達などが載っている。

1巻の厚さは10センチになるだろうか。分厚くて重たいので、買っていない。公務員たる者、何かにつけて根拠に基づいた仕事や行動が求められる。色とりどりの付箋《ふせん》がたくさん貼られている幹部の赤六法を見ると、勉強嫌いな私は、昇進に無関係な職種でよかったと思ってしまう。そんな赤六法の食事に関する該当ページは、全体に比べたらそれほど多くはない。正直、その該当ページだけ配ってくれればいいのだが、そうはいかないらしい。

で、赤六法にある矯正施設被収容者食料給与規程では、刑務所で給与する食事の主食は麦飯であること。さらにその麦飯は、米7に対して麦3であること。米は各施設で玄米を精米しているのだが、その搗精《とうせい》率も玄米1を0・93〜0・94の範囲でと決められている。つまり、1キロの玄米を精米してでき上がる重量は930〜940グラムの範囲でないといけない。

この精米は、娑婆《しゃば》で販売されているものよりも精度が低いため、見た目はやや茶色く、7分搗《づ》き程度に相当する。学校給食で出される麦飯は真っ白い精白米に対して麦が10パーセントである。それに比べて、7分搗き米に3割の麦が入った麦飯は一般の人の想像よりも茶色っぽい。

ただ、刑務所でも正月三が日だけは、米100パーセントの白飯が3食給与される。それも赤六法のルールに記載されている。白飯といっても、相変わらず7分搗き米だから、娑婆の銀シャリとは異なるのだが、彼らにとっては特別なのだ。

主食の量は、おかずの量が全員1日あたり1020キロカロリー以上と同じなのに対して、仕事量によって3段階になっている。立ち仕事をする人はA食で1日あたり1600キロカロリー相当、座り仕事はB食で1300キロカロリー相当、居室で過ごす人たちはC食で1200キロカロリー相当。1食あたりは、それぞれを3で割った量が主食量となる。

A食の場合だと、1600キロカロリーの主食と1020キロカロリーのおかずだから、1日あたり2620キロカロリー以上ということになる。刑務所のメシは痩せると言われているため、食事も摂取カロリーが低く、質素だと思われているが、実はそれほどでもない。厚生労働省による「国民健康・栄養調査」のデータ、日本人の平均摂取エネルギーよりも多いのだ。

さらに身長が180センチ以上の場合は、主食が加算されるという仕組みになっている。例えば、立ち仕事をしている身長180センチの人は「A180」、座り仕事の185センチの人なら「B185」と、飯椀の色も変えているし、フタにも表記して区別している。間違って配膳してしまったら、大変なことになってしまう。ちなみに麦飯のほかにも主食としてコッペパンやうどん、ラーメン、やきそば、スパゲティがあるが、それらも同じ仕組みで分量が決められている。

さて、「麦飯の量が少ない疑惑」はその後、無事解決した。出張でその刑務所を訪問した際に麦飯を計量させてもらったのだ。当然ながら、当所と同じ量を盛っている。

そこの麦飯が多く見えたのは、飯椀の形状による目の錯覚だと思われる。そこの椀は手にしっくりくる丸みのある形なのだが、うちの椀は直線でスマートなのだ。そんな些細なことと思うかもしれないが、それだけ食事への執着が激しいということだ。

そのことを尾藤君に説明すると、意外にもすんなり納得した。ごねられるかもと心配したが、こういうときに赤六法を盾に毅然《きぜん》とした対応ができるのだから、めんどくさいと言っていてはいけないなぁと思い知らされる。赤六法は、職員の身を守ってくれる存在なのだ。しかし、彼が納得したのは法令通りだからということではなかった。

「先生、わざわざ調べてくれたんですね」

私が彼の疑問を覚えていて某刑務所で実際に量ってきたことがうれしかったようだ。おかげで彼からの信頼度はアップした（らしい）。彼らもただやみくもに難癖《なんくせ》をつけているわけではなく、誠意をもって接すればわかってくれるのだ。仕事に対して真摯《しんし》に取り組む。一社会人として当たり前のことだが、それができなかった者がここにはいる。彼らが社会復帰したときに、見本となるような振る舞いをしなければと感じた。

ただ、尾藤君の麦飯への執着は別のところにもあった。彼はもともと食いしん坊の大食漢。完全な肥満体型の、自称「動けるデブ」だったそうだ。その原因は米！　彼はご飯大好き男子だったのだ。

炊場では全員が立ち仕事のため、A食になる。もっと背が高ければもう少しご飯の多いA180を食べられたのにと、嘆いている。

「でも、坂口さんのメシと俺のメシが同じ量っていうのは、ちょっと……」

いくら法令通りであっても、小柄な坂口君と同じ量なのが解《げ》せないようだ。

「悪いけど、それはどうしようもないわ」

私がそう返すと、

「ですよね～。残念だなぁ」

と、彼は笑った。身長の低い坂口君が食べられないと言って残しても、それをもらうことは禁止事項だ。残すのは自由だが、他人に与えてはいけない。そういったやり取りは貸し借りとなり、上下関係を作ることからトラブルに発展しかねないという。

学校給食であれば、欠席者のヨーグルトをめぐってじゃんけん大会になったり、残ったおかずはおかわりできたりするものだが、ここではそんなことはとんでもない。そういえば、コロナ禍以降は、前後机の向きを変えてグループにならず一方向を向いて黙って食べるのが学校でもスタンダードになっているが、ここでは昔から黙って食べる〝新しい生活様式〟が厳守されてきた。ある意味、時代を先取りしていたと言えるのかもしれない。

男子には通じない！　感覚的な料理用語

「麦飯は1人何グラムですか」

そう聞かれるとウンザリしてしまう。悪気なく単純な疑問として尋ねているのはわかっている。

しかし、この手の質問は非常に困る。赤六法で定められているのは米や麦のエネルギー量や重量であって、炊き上がりの麦飯の重量ではない。だいたい麦飯のでき上がり量など水加減でいくらでも変わる。多めの水で炊けば水分が多い分だけ重たくなるし、少ない水で炊けば軽くなる。データ上の平均として、米100グラムからできる飯は2・2倍の220グラムで計算しているが、厳密にいえば毎回そうとは限らないし、新米なら米自体も水分が多くて重たい。

それと同様で煮物などを調理する場合に、「ひたひたの水は何リットルのことですか」などと聞かれることがある。いやいや、レシピに水は具材に対して「ひたひたに」と書いてある。何リットルと数字でキッチリ表現できるものではない。

「肉じゃがのでき上がり量は何グラムですか」

いやいや、そんなの私もわからんし。しかし、調理経験のない男子らは、栄養士はでき上がり量もわかった上で献立作成をしていると思っているらしい。

いやいや、そんなの調理条件でどうとでも変わるじゃないか。10分煮るというレシピでも、強火か弱火かでは水分の蒸発量が異なる。でき上がり量を毎回同じにするなんて熟練の料理人なら可能だろうが、素人集団のチームにそれを求めるなんて間違いだ。しかしここで、私のこれまでの経験が活きることになったのだ。

私は、刑務所に勤務する10年以上前から食育活動をしてきた。保育園や幼稚園で保護者向けに講演をしたり、休日には娘たちも連れて子どもを対象にした料理教室を開催したりした。2歳の頃から包丁を握っている娘たちを「ちびっこ先生」とおだてると、気分よくみんなの前でお手本を披露してくれたので、娘たちも鼻高々だった。

そのうちに初心者男性対象の「男の料理教室」を企画し、仲間とともに月1回で開催をするようになった。当時はまだ男性のみの料理教室など地元にはなく、料理に抵抗のある男性も多かった。自分で申し込むのが嫌なのか、そこは妻の役目という参加者が多かった。平日の昼間に開催とあって、集まった参加者は定年後の男性で平均年齢は63歳くらいだったと思う。本当に料理など初めてという男性ばかりであった。

「玉ねぎはみじん切りにしましょう」

と説明すると、

「先生、玉ねぎの皮はむくんですか」

と質問される。玉ねぎを皮ごと使う料理なんてあるのだろうか。皮をむくことなど常識であって説明するまでもないと思っていたのだが、それは間違いだった。

料理以前にエプロンの着方がわからない人もいた。エプロンもいろいろなデザインがある。割烹着《かっぽうぎ》のように被るタイプや後ろで紐《ひも》を結ぶタイプ、前で結ぶタイプ。男女兼用でフリーサイズなら無難に着こなせるが、いかにも奥さんに借りてきましたといったフリル付きのエプロン姿はさすがに笑ってしまいそうになった。やはり、大柄な男性の場合は男性用を購入したほうがよいと思ったので、さりげなくすすめたものだ。ちなみに、ほとんどの男性が後ろの蝶結《ちょう》びは縦結びになっているのがまた笑えた。

料理のできない中高年男性が多いのは、受けてきた家庭科教育の影響が大きい。中学校で家庭科の男女共修が始まったのは平成5年度からで、高校での男女共修は平成6年度からだ。中学・高校で家庭科の授業を受けていない男性は、「男子厨房に入るべからず」と教育されてきたし、私たち女性もそれが当たり前だと思っていた。

そのため、その年代の中高年男性が受けた家庭科教育は小学校5、6年生のときだけだ。20代30代の人に話すと驚かれるが、「技術・家庭科」という教科は、私たちの時代は男子が「技術科」、女子が「家庭科」に分かれていた。

その教育の通り、料理教室に参加していた男性たちが若い頃、家庭を妻に任せて仕事に打ち込んだおかげで高度成長期があったわけだ。しかし、時代は流れ、女性の社会進出が進み、男女雇用機会均等法ができた。社会に出るようになった妻を助け、家事に協力するようになった夫は時代の波にうまく乗ることができた。

一方で、妻が社会に出ても相変わらず亭主関白を貫いた男性は定年後に粗大ごみ扱いされ、居場所をなくしてしまったのだ。さだまさしの「関白宣言」という曲がリリースされたのが昭和54年。そのわずか15年後の平成6年に「関白失脚」という曲になったのだから、世相がいかに急激に変わったかがよくわかる。

最近知り合った家庭科教員は、「家庭科は受験科目じゃないけど、人生においては必須科目」と訴えていた。本当にその通りだ。そんな男性たちに料理を教えるのは、とても楽しかった。何といっても伸びしろがありすぎたからだ。

「茎や根元は火が通りにくいので、ほうれん草は根元から熱湯に入れてゆでましょう」

そんなちょっとしたことでも一様に「ほぉ〜」とうなってメモを取る。そのくせ、そのメモしたレシピを忘れて帰る。

「白玉粉は、耳たぶくらいの固さにこねましょう」

と説明すると、右手でこねながら左手は自分の耳たぶを触っている。そんな男性をじっと観察する私。そして……、いつまでもこねている。

料理の加減はある程度幅があるものだが、不慣れな男性たちは、ピンポイントの正解を探そうとして時間がかかる。赤ちゃんの耳たぶならやわらかいだろうし、年寄りの耳たぶなら固いかもしれない。耳たぶの固さといっても個人差があるのだから、だいたいでいい。しかし、そのだいたいを判断するにもひと苦労なのだ。

料理のレシピは「もったりするまで泡立てる」とか「とろみをつける」などといった感覚的な表現が多い。それを経験値の低い男性にうまく伝えるには「生クリームが粘性《ねんせい》をおびて泡立て器にからみつき、動かすと重く感じるようになるまでがもったり」といったように言い換えたり、実際に見せないと理解しづらいだろう。また、「とろみ」という単語だけでは男性には不親切だ。焼肉のタレくらいの粘度なのか、はちみつくらいなのか、きちんと実演を行ってスプーンですくってから垂らして見せないとわかってもらえないのだ。

またあるときは、魚に塩少々振りましょうと指示したら、鮭の切身に盛り塩のように塩が乗っていたこともあった。男性に対しては、親指と人差し指でつまんだ量というように、理論的に言い換えないといけない。正直、めんどうくさい……。そう感じることが何度もあった。だから、男性に料理を教える場合にはきちんとした数字で示したり、実物を見せたりする必要があるのだ。

炊場で使う献立カード（作り方が書かれたレシピ。刑務所ごとに作成されている）でも、例えば野菜の切り方なら「ひと口大」といったあいまいな表現は避け、1×5センチ短冊切り、2センチ斜め切りと具体的に書くようにしている。料理教室の経験が刑務所で役立つことになるとは……。

バナナの皮からアレができるなんて

「そんなバナナ！」

いかにも昭和のオヤジが言いそうなギャグが口から出そうになった。バナナといえば、日本人の果物消費量ランキングでぶっちぎりトップの果物だ。旬を問わず一年中安価で購入でき、手軽に食べられる。そのため、学校や病院給食でもよく使われる果物だ。けれどもここ刑務所でバナナが出るとなると、刑務官たちはざわつくらしい。

「給食にバナナを出すのは好ましくない」

それを聞いたのは、拝命して間もない頃だったと記憶している。バナナは皮をむく必要がないため、手間がかからず衛生的に出せるのも栄養士としてはうれしい。テーブルにそのまま置くこともできて、食器もいらないから、ますますありがたい存在だ。

そのありがたいバナナ様に「好ましくない」とはどういうことなのか。

「バナナの皮でね……」

はいはいはい、まさか滑って転ぶとでも？などと思っていたのだが、なんのなんの、さらに斜め上をいく答えが返ってきた。

「バナナの皮で、タバコができるんだよ」

え？　え？　どういうことですか？　上司の言うことが理解できずに面食らった。スマホで「バナナ　タバコ」で検索してみたところ、出たよ、出たよ。バナナタバコの作り方が……。

刑務所ではタバコなんて吸うことができない。だから、受刑者らの中には給食に出たバナナの皮を使って、不正に嗜好品《しこうひん》を製作しようとする輩《やから》がいるらしいのだ。そのため、バナナタバコは別名「刑務所タバコ」と呼ばれているらしい。

「そんなバナナ？」と突っ込みたくもなりますよね。フルーティーでヘルシーなイメージさえもってしまう。タバコが高い今、作ったら売れるんじゃないかとさえ思ってしまう。しかし、タバコを作ったって火がなければ吸えないじゃないか。

ここでまた、新たな問題が生じる。タバコができたら、今度は何とかして火を得ようとする。これまた、室内にあるコンセントを使って火花を出す方法があるらしい。それに必要なアルミ箔包装の食品も給食で出すにはご法度なのだ。

だから、炊場にはアルミホイルがない。食品でいうと、セロハンで包まれたスライスチーズなら出せるが、学校給食でよく出されるひと口サイズのアルミ包装のチーズは出せない。火なんて出されたら火災の危険性もあるわけで、大事件になってしまう。そんな刑務所生活の楽しみ方は、長い刑務所の歴史の中で脈々と受け継がれているというから驚きだ。

使ってはいけない食品はまだまだある。アルコールを含む調味料「みりん」は、ここでは単に甘いお酒という認識だ。そのため盗み飲みされることがあるそうだ。手指消毒用のアルコールでさえ、飲もうとする輩がいるため、施錠《せじょう》された場所に保管されている。みりんを使ったレシピを刑務所用にアレンジする場合は、少量の砂糖で代用することにしている。もちろん、料理酒やワインなんてもってのほか。

あとは、食品以外に危険物として扱われるものだ。例えば、串カツの串やつまようじなど、鋭利なものは危険物指定だ。他人を傷つける可能性もあるし、自傷行為に使われる可能性もある。そのため、基本的に「食べられないもの」は禁止される。

寿司や折詰などの仕切りに使われる薄いプラスチック製のバランも不要。知的障害があったり認知能力が低かったりする者は、誤って食べてしまうのだという。それと同様に、品質保持のために菓子などの包装に使われる乾燥剤や脱酸素剤もNGリストに入る。そのため、食材選びは事前に購入して中身を確認することも多い。ほかに、当たり付きの駄菓子も困る。もし当たりが出てしまったら対応に困ること必至だ。でも、出してみたい気持ちにも駆られる。

とにかく、食べられないものや余分なものは、極力塀の中には入れない。スーパーのお惣菜コーナーにあるような業務用食材に、小売りパッケージ用のシールが入っていることがある。「たこやき」とか「大学いも」とかイラスト入りのシールも炊場には入れないように言われている。なぜかと聞くと、

「遊ぶから」

とのこと……。初めて聞いたときは「大の大人がシールで遊ぶ？」と、驚いたが、今なら容易に想像できてしまう。娑婆感のあるシールは、彼らの生活に刺激を与えるものなのだ。例えば、「肉」と書かれたシールがあったとしたら、間違いなくおでこに貼って「キン肉マン」ごっこをするだろう。

そんなことを想像すると、またまた笑えてしまうのだ。

レギュラーサイズのお菓子に憧れて

祝日が近づくと、受刑者たちはそわそわする。

通常の給食とは別に予算があり、どこの施設でも「祝日菜《しゅくじつさい》」といってお菓子が配られるからだ。彼らにとって、お菓子は月に数回しか食べられないため、特別な嗜好品的な存在だ。そのお菓子を選ぶのも、食料担当の杉山刑務官と私。しかしながらその予算は1人分たったの税込み60円（令和5年度から68円）。なんと昭和の時代から変わらず、3パーセントの消費税が導入されても変わらず、消費税が上がってからも変わらないという伝統を守り継いでいる。おかげでやり繰りは年々大変だ。60円なんて今どき、子ども用の小袋菓子しか買えない（涙）。よって、給食費の懐事情は厳しい。

地域や規模によるが、通常の食事は1人1日あたり約520円の予算だ。内訳は当所の場合、副食が1人あたり423円でここ10年ほどほとんど変わっていない。それに主食が１人あたり平均すると１００円程度。これは前述しているが、大事なことだから2回書く。１人１日あたり約５２０円だ。１食あたり５２０円ではない！

なぜわざわざ2回書くのかというと、以前刑務所給食に関する掲示板サイトで「１日５２０円」と書いてあるのに、一部の「１食５２０円」と読み違えた人たちが「贅《ぜい》沢《たく》しすぎ！」とか「俺より金かけてる！」なんてコメントしたがために、１食５２０円がひとり歩きしているのを見て残念に思ったことがあるからだ。

通常の食事のほかに、正月用や行事用の予算は別にあるが、年間に片手くらいの回数で終わってしまう程度だ。その懐事情は収容人員が多い大手企業のような刑務所さんほど余裕がある。１０００人いる刑務所と、１００人程度の刑務所とでは扱う金額が異なるのはもちろん、大手であれば入札に参加する業者数が増えて、その分食材も安価に購入できる。一方、個人事業主のような規模の当所では同様のものを買うにしても割高になるため、より予算が厳しいのだ。

それゆえ、当所ではきっちり60円分のお菓子を出していた。小袋のスナック菓子と、予算合わせの「うまい棒」というのが定番スタイルだった。年末年始や行事のときしかレギュラーサイズのお菓子を出すことができず、彼らにとってレギュラーサイズのお菓子は憧れだった。しかし、これが大手刑務所さんだと簡単にクリアできている。そのため、大手刑務所から移送（転勤）されてきた受刑者は、

「○○刑務所のほうがお菓子がよかった」

などと平気で言うから、「腹が立つ！」「人の苦労も知らんくせに！」と暴れたい気持ちになるのだ。

なぜ、彼らの声が耳に入るのかというと、刑務所では、年に1回、嗜好調査として給食アンケートを実施しているからだ。回収したアンケートには、「まずい」だの「○○刑務所のほうがよかった」だの、ここぞとばかりに苦情を言いたい放題のものもあれば、「ほかの刑務所よりもおいしいです」といったものもあるし、感謝の言葉で埋められたものもある。クレームにはムカつくこともあるが、やたらベタ褒めな回答は、何か裏でもあるのではと勘ぐってしまうことも。しかし、「いつもおいしい給食をありがとうございます」といった内容は、やはり素直にうれしい。

アンケートは無記名だが、工場名と称呼番号から個人が特定できてしまう。とくに印象深かったのが、桜庭君の回答だ。「早いものでこのアンケートに答えるようになって4年目になります。思えば……」と切々と綴《つづ》られた、私に対する手紙のようなスタ

イルになっていた。後日、彼は「先生、僕のラブレター、読んでくれました?」なんて言ってくる。可愛い奴だ。

このアンケート結果は、年末年始の献立やお菓子の選定の参考にしている。そのため、ぜひ自分たちの意見を採用してもらおうと、かなり真剣に書き込む人も多い。個人がそれぞれ別のお菓子をリクエストしてしまうと票が割れてしまい、結果的に採用される可能性が低くなってしまう。そのため、炊事工場、洗濯工場など、同じ刑務作業に従事している仲間同士で一致団結して同じ菓子名を書き、組織票を稼ぐ作戦に持ち込む。

アンケート回収までの2日間に、どうしたら栄養士にうまくアピールできるのか、どうしたらリクエストのお菓子が採用される確率が高くなるのか、大の男たちが真剣に相談している姿を思い浮かべるだけでおもしろい。

ムショメシにだって遊び心を

ある小学校では7月のある日、「七夕スープ」を出したそうだ。何が七夕なのかというとスープの中に星形にんじんが入っているのだ。しかもそれがクラスの食缶（フタ付きの容器）に数個しか入っていないという。給食時間の放送ではこんなアナウンスをした。

「今日のスープに星形のにんじんが入っている人は、願い事が叶うそうです」

そんな粋な演出を考えたのは、その小学校の栄養士だ。狙い通り、どのクラスも大はしゃぎで盛り上がったという。給食は行事食や郷土食も取り入れ、見た目も味も楽しめる演出を考えて献立作成を行うものだ。

しかし、ここ刑務所で同じことをするならば、星形にんじんは全員にいきわたるようにしないと不公平だろうか。そうなると、希少価値というかラッキー感がなくなってしまう。まさか、

「俺のスープには星が入ってません！」

なんて訴える者がいたら困ってしまう……。そう考えてしまうと結局できずじまいなのだが、刑務所でもクリスマスやひな祭りなどのときは、行事を意識したメニューを取り入れている。

刑務所に勤務して2年目の冬だった。業務用食品の納入業者さんから季節商品の案内チラシをもらった。バレンタインデー用のハート形コロッケだ。これなら1人1個ずつだし、冷凍食品だから揚げるだけだし、いいじゃん！　そう思って当時の炊場担当の田端刑務官に相談した。彼は細い目でチラシをチラ見して、しばらくすると、

「やめときましょう」

と言った。

「なんでダメなの？」

「いやぁ、うちでハート形なんて出したことないですからね」

表情を変えることなく彼は淡々と言った。

そうか、前代未聞ということか。今なら押し切ってしまうと思うが、当時は私もようやく刑務所給食に慣れた頃だったため、簡単に引き下がった。それに行事向けの給

食商品は単価が高いのだ。年度末になると予算の執行状況も気になるところで、ハート形コロッケのためにその後のやり繰りが厳しくなっても困る。それもあって断念したのだが、内心は彼のことを「遊び心のわからん、お堅い奴だ！」なんて思ったものだ。

そんな出来事から6年が経ち、田端刑務官が異動して、食料担当になった。食料担当は食材の購入手続きのほか、購入のための入札や契約、その検収、さらに炊場に搬入して確認作業も行う。つまり、栄養士にとっては心強いパートナー、〝相方〟なのだ。炊場の事情をよく知る彼が相方になったのは非常に心強かった。しかも、彼は家事や料理ができる人、イクメンだ。そのためママ友も多く、事務所では人気レシピの話や流行食材、人気のお店の話などをよくしていた。

毎月のメニューを決める「給食委員会」では、祝日菜も選定していて栄養士や食料担当のセンスが試される。加えて、年末年始はどこの刑務所でも祝日菜とは別にお菓子の詰め合わせを出すので、ふだんより一層気合が入る。嗜好調査のアンケート結果をもとに候補のお菓子を選んでいく。さらに炊場でいつも会う受刑者たちにもそれとなく聞いてみる。

お菓子の詰め合わせに使える費用は毎年異なる。通常の給食予算から少しずつ黒字を捻出《ねんしゅつ》して、それをあてるのだ。台風被害で野菜が高騰《こうとう》したとか、世界情勢によって来期から価格が上がると聞くと心穏やかではない。

候補のお菓子を選ぶのは楽しい。自分が食べるわけではないが、ワクワクする。仕事帰りに寄るスーパーでは自然とお菓子コーナーでの滞在時間が長くなってしまう。スナック菓子であれば内容量や味、見映え感、それに乾燥剤などの食べられない物が入っていない袋菓子でないと都合が悪い。誤って食べてしまったり、故意に食べてしまったりする者がいるからだ。

甘い菓子と塩辛い菓子の割合はどのくらいがよいか、チョコ系も入れたいよね。これは贅沢かなぁ。そんなことを考えている私は自然とニヤニヤしているだろう。候補のお菓子を何点か購入し、翌日相方に提案する。

「ねえねぇ、これも候補に入れようよ」

そう言うと田端刑務官は、

「いいっすねぇ」

と、彼の口元がニヤッとしたのを見逃さなかった。

給食委員会では私と田端刑務官が選んだスナック菓子やらクッキーやらチョコ系やらのお菓子が、10点ほど並べられた。幹部らが菓子の袋を手に取ったり、材料表示を見たりして選んでいく。

まぁ、予想通りではあったが、シャレで候補に加えておいた駄菓子は却下された。そりゃあそうだよね。フエラムネは口にくわえて息を吹けば口笛のように音が出る。居室内でむやみに音を出したり、歌を歌ったりできない彼らにそんな物を与えれば当然吹きたくなるだろう。しかし、吹けない。しかし興味本位に吹けば怒られる。そんなことを想像すると笑えてくる。選ばれないのは当然なのだが、田端刑務官はこう言った。

「我々の遊び心が通じなくて残念ですね」

いやいや、アンタだって自分が炊場担当だったときには、私の遊び心を否定したでしょうが。立場が変われば考え方も変わるものなのだ。

第2章「みょうがはどこまでむくんですか？」

なんで煮魚に片栗粉を使うの？

いつ頃のことだろう。炊場《すいじょう》からのＳＯＳなど何度もありすぎて、よく覚えていないが、１人目の炊場担当の多田刑務官のときだからここで働き始めて1年も経っていなかったはずだ。

「煮魚が大変なことになってるんで、来てもらえませんか」

炊場は蒸気の音や報告、かけ声など常に雑音で騒がしい。そんな環境からかけてくる多田刑務官の声はいつも決まってかなりデカいため、耳が痛い。そのため、炊場からの内線電話はいつも受話器を耳から少し離して受け取る。しかし、困ったときの彼の声は小さいため、非常にわかりやすい。

「はいはい、すぐ行きますね〜（笑）」

そんな電話のあとに急いで炊場に向かうとき、いつの間にかワクワクしている自分に気づいた。今度は何をやらかしてくれたんだろう。そう思うとついニヤニヤしてしまう。炊場に入って事情を聞く。いや、聞くまでもなく一目瞭然《いちもくりょうぜん》だった。煮魚の煮汁がわらび餅みたいに粘度をおびてコテコテになっている。

「そもそも、なんで煮魚に片栗粉使うの？」

「さぁ……、昔からここでは煮汁にとろみをつけています」

私が尋ねると、多田刑務官は自信なさげにこう答えた。まぁいいや、覆水盆《ふくすい》に返らずだ。とりあえず、「ティルティングパン」という四角い大きなフライパンのような調理機器から、煮魚の切身だけを取り出して避難させる。それからわらび餅のような煮汁をザルにすくい、ティルティングパンに湯を加える。わらび餅のようになった煮汁を、漉《こ》すように泡立て器でザルの目から押し出して細かく分けることにした。

正直言って、かなり力の要る作業だ。でも、ここは素人の彼らには任せられない。〈明日は筋肉痛だろうなぁ……〉。そんなことを想像しながら〝わらび餅〟を細分化させて煮溶かし、調味料を追加してトロッとした煮汁に仕上げた。

「多少の口当たりの悪さは残るだろうけど、そこは勘弁してね」

「助かりました。ありがとうございます。ほら！　お前たちもお礼を言え！」

「ありがとうございました！」

そこにいた受刑者全員がペコリと頭を下げ、野太い声で言った。このような出来事を何度も繰り返すうちに彼らから「神対応」と称され、私へのリスペクトは高まっていったようだ。無事解決して事務所に戻るとき、彼らの安心した顔を思い出すと、なんか可愛くてこれまた笑えてくるのである。

だが、栄養士の仕事はこれで終わりではない。なぜ煮魚に片栗粉を使うのか、今後も使うのであれば確実にうまくできる方法を教えなければならない。そうやって彼らの調理の様子を見ていると、ほかにも突っ込みどころがあるわあるわ……。

笑ってる暇なんてないわ！

大ブーイング！　牛丼が牛肉コロッケに

受刑者たちの作業は、メニューが決まったところから始まる。毎月のメニューは前月の給食委員会で決まる。基本的には前年同時期のデータを下敷きに、前年不評だったメニューは差し替えるなどアップデートしている。賞味期限の迫った食材や調味料があればそれらを優先的に使ったり、節分やひな祭り等の行事があればそれに見合った内容にしたり。ここ数年のように食材の高騰《こうとう》が激しい場合には予算に合わせて安価な食材に置き換えることもある。そうして組んだ1カ月分のメニューを給食委員会にかけ、幹部らで決裁・決定となるのだが、当所ではほぼ異議なく決まる（中にはこだわりの強い幹部職員がいて紛糾する施設もあるそう）。

翌月分が決定する給食委員会が終わるや否や、その準備作業が始まる。準備係は調理作業用の書類を見て、わかりやすいようにマーカーで色分けしたり、調味料の計量をいつ行うか書き込んだりする。それに、炊場の食品庫や冷蔵庫の在庫（ちなみに食品庫には粉末調味料や未開封の液体調味料、乾物、小麦粉などの常温の食材が2週間分ほど、冷凍庫には1週間分ほど、冷蔵庫には3日分の食材を置いている。ソーセージやゼリーなどそのまま食べられるために盗み食いされそうな食品は、極力直前に搬入している）をチェックし、不足分を計算したり、食料担当の刑務官や私に請求したりと大忙しだ。ビジネス書の中には「準備が9割」といった表現のものをよく目にするが、その通りだと思う。

そのため、この準備係は見習いから始まり洗い物や下処理、調理などほぼすべてのポジションをこなしてきた経験の長い者に任される。おかげで、私は毎月準備係に翌月分の書類を急かされている。しかし、その書類に誤りがあれば、準備段階から躓《つまず》いてしまい、あとから訂正を行うのが非常に手間なのだ。だからこちらも時間をかけてしっかりチェックしてから書類を渡したいのだが、

「先生、来月の書類……」

と、彼が言い終わらないうちに、

「ゴメン！　明日には渡すから……」

といった会話が毎月のルーティンになっていて、立場が逆転したかのような気持ちになる。

彼らの仕事は重要で、在庫が足りなければ塀の外に併設する食料倉庫から出さないといけないし、倉庫にも在庫がなければ、発注しなければならない。タイミングが悪ければ納品が間に合わず、予定通りのメニューができなくなる。刑務所においては、予定が変わるというのは非常に嫌がられる。とくに、メニューを発表してから変更となると問題が大きい。さくら漬がたくあん漬になったくらいなら大したことではないが、人気メニューがそれほど人気でもないものに変わってしまうと、ブーイングをくらう羽目になる。

あるとき、レトルトの牛丼を牛肉コロッケに変更したことがあった。公表前だった

ため、ほかの工場の多くの受刑者には知られていないが、炊場の受刑者たちは当然わかっている。中華丼や親子丼などのレトルト食品は量が少なく、彼らには概して不評だが、牛丼だけは好評だった。濃い目の味付けで、予算的に厳しくふだんはあまり登場しない牛肉を使っているため、魅力的なのだろう。

「いろいろ事情があるの！（牛肉）つながりで変更したといいたからいいじゃん♡」

と主張する私に、

「違いすぎますよ」

と少々不貞腐《ふてくさ》れる彼ら（笑）。

「確かに……（笑）」

牛肉コロッケとは名ばかりで、本当に牛肉が使われているのかどうかも怪しいコロッケなのだ。なんせ、段ボール箱には堂々と「牛肉0・03パーセント」と書かれていて、二度見じゃなく三度見した覚えのある冷凍食品だ。0・03パーセントで牛肉コロッケと名乗っていいものかと思ったが、まぁ嘘ではないし、それなりのお値段だから仕方ない。

そんな場合とは逆に、グレードが上がる変更もあるのだが、上がる分には文句は言われない。結局のところ平均したらプラスマイナスゼロだと思うのだが、自分たちにとって得なことより損なことのほうが多いような気がするのだろう。受刑者たちの不満が増す原因になれば、刑務官の緊張感は増してしまう。そのため、メニューの公表は変更の可能性も考えるといつもギリギリになってしまい、メニュー表を掲示する警備隊（所内の警察のような刑務官のチーム）からも急かされるのが、これまたルーティンになっている。

さて、準備係は書類を受け取ると、まずメニューをチェックする。やはり個人的に好きなメニューがいつ出るのか、お楽しみなメニューは入っているのかが気になるところで、それを一番に知ることができるのはある意味彼らの特権だ。書類をチェックするときの彼はきっと、ワクワクした気分で1枚ずつめくっているに違いない。それを考えると、彼が書類を急かしてくるのも実は、早く知りたいという個人的な感情だけなんじゃないかと、自分の仕事の遅さを言い訳したくなる。

炊場の作業は、ほかの工場と違って毎日メニューが違うために扱う材料や作業も日替わりになる。これが毎日カレーライスとサラダと福神漬なら楽なのだろうが、そうはいかない。しかも、刑務所の中で唯一、365日稼働しており、交替勤務のためメンバーも同じではない。交替なのは職員も同じで、炊場担当の刑務官が休みの日には臨時の刑務官が仕切ることになる。

　ちなみに栄養士の私や、食料担当の刑務官も基本的に土日と祝日が休みなので、準備に不備があると休日でも電話がかかってくる。着信記録を見たときのあの萎《な》える気持ちは、いくら楽しい場面にいても一気にテンションが下がる。自分たちが悪い場合なら仕方ないが、いやいや！その程度のことはそちらで判断してくれよ！と悪態をつきたくなることも多々あり、自然と塩対応になってきた。

　しかも、なぜかそういう電話をしてくる人は、わりと限られているのが不思議だ。おかげで私の無愛想な対応の犠牲になる刑務官も、場数を踏むうちに幾分慣れてきたような気がする。不備があれば受刑者たちも確認不足ということで叱られてしまうため、休日前は材料がきちんと搬入されているか、数がきちんとしているかの入念な確認作業が必須だ。

　あるメーカーさんのふりかけは、１００袋入りと書いてありながら、たいてい１０１袋入っている。これが一般社会であれば「ラッキー！」で済むが、刑務所ではそうはいかない。これを利用してオマケの１袋を懐に入れ、不正取得することができてしまうから、単にオマケされてもありがた迷惑なのだ。それと、増量キャンペーンも無駄に余ってしまうため、勘弁してくれとメーカーに言いたくなる。シールを集めてお皿をもらおう等のキャンペーンも困る！　炊場の受刑者から「これでお皿○枚もらえますね」なんて言われると、ウザくてしょうがない。

さて、オマケの1袋で疑われたくない準備係は、

「先生、またふりかけが1袋余分に入ってたんで、返します」

そう言って、1袋返してくる。それをポケットに入れたままうっかり帰宅してしまったら今度は私が横領ということになってしまうではないか。そう考えると「ちゃんと100袋にしてください」と祈りたくなる。

準備の段階で数や重量に誤りがあっても、そのあとに調理係がその日の献立カードをもとに材料確認を行ってから調理を始めるルールがある。そのため、最終調理の時点で気づけば、ぎりぎりセーフだ。しかし、気づかないこともあるものだ。「あれ？砂糖が余ってる」「ナニコレ？」「和《あ》え物に砂糖入れ忘れてた！」ってことで、「最後に砂糖をふりかけて混ぜておきました」なんて報告がたまにある。そんなことでいちいち怒っていたらキリがない。多少順序が違おうが、「それっぽい料理」ができてい

たらOKとしている。

別の日には、「なんか今日の塩やきそばは味が薄いな……。まあ、最近は塩分を減らせなんて言われてるし、栄養士さんが減らしたんだと思ってました」なんて言われたけど、実は準備係が1ケタ間違えていて、塩100グラム必要なところ、10グラムで準備していたとか。

私がここに来る前には、「とんこつラーメン」ならぬ「とんこつうどん」を作ったことがあるというから笑える。乾麺のラーメンを誤ってうどんで準備してしまい、誰も気づかずにうどんを使った「とんこつラーメン」を出したというのだから、幻のメニューだろう。

うずら卵争奪戦

ここの八宝菜には、ひときわ目立つ存在ゆえに使えない具材がある。それがうずら卵だ。そのわけはというと、刑務所給食の大原則の「平等」にある。

主食である麦飯の量は、仕事量と身長によって異なるとすでに書いたが、副食つまりおかずについては、アレルギー食などを除き全員同じメニューで同じ量が配られる。冷凍コロッケ1人1個ならわかりやすいし、配りやすい。しかも、規格が60グラムとか、80グラムで揃《そろ》っているから安心だ。

しかし、これが不揃いな唐揚げだと非常に困る。1キログラムの袋に入った冷凍の唐揚げは約30個。この約○個というのが厄介《やっかい》なのだ。1人2個で100名なら、200個を数えて準備しなければならない。おおよそ7キログラム（7袋）でよい計算だが、微妙に大小ある唐揚げは不公平感がある。500人とか1000人以上いるような大規模刑務所ならいちいち数えていられないが、悲しいかな、当所は数えてきっちり準備することができるほどの規模だ。

そのため、唐揚げの袋を開け、小さい唐揚げを取り除いて大きさの揃った唐揚げを選抜して別の袋に50個ずつ袋詰め作業を行う。実際に袋詰め作業を行うのは受刑者であるが、受刑者だけに任せるとごまかされたり、こっそりつまみ食いされたりする可能性があるため、われわれ職員が立ち会わなければならない。冷凍唐揚げは軽く揚げてから冷凍されるので、食べられなくはないのだ。

数を一緒に数えているときに、ほかの職員から話しかけられるとイラッとしてしまうのは、「給食あるある」だ。立ち会った職員は、個数確認のメモに押印する。もし間違っていたら受刑者は刑務官から叱られるし、職員は受刑者から「立ち会っていながら信用できないいい加減なヤツ認定」されてしまう。

しょうもないことと思われるかもしれないが、数えた唐揚げ1個が砕けて2個に割れてしまったら「50個のはずなのに、なぜ51個なんだ!」「誰かが後でこっそり1個を食べようと企てたのかもしれない!」と大騒ぎになる可能性もある。そんなことがあるからやっぱり個数確認は外せない仕事なのだ。ちなみに、除いた小さな唐揚げは刻んでチキンカレーのときに使っている。

しかしまぁ、数物のおかずはまだいい。煮物や炒め物で目立つ存在の最たるものが、「うずら卵」だ。ちょっとしたレトルト食品の中華丼でも、うずら卵は1パックに1個入っている。八宝菜は、肉類や魚介類、野菜やきのこなど多くの食材を炒め合わせて、最後に片栗粉を使ってとろみをつけたおなじみの中華料理だ。これをご飯にのせれば中華丼になる。

ちなみに「八」は8種類の具材という意味ではなく「たくさんの」という意味で、「五目なんとか」の「五」も同じく食材などの数を表すのではなく「たくさんの」という意味をもつ。たくさんの具材が入っていながら、うずら卵がひときわ目立つのはどうしてだろう。盛りつける場合も、隠れてしまわないように下から掘り出してセンターポジションに置きたくなる。ほかの具材に比べて大きいわけでもなく、むしろ小ぶりなのにあの丸くてつるんとしたフォルムがとんでもないオーラを放っているのだ。そのため、うずら卵はうちの八宝菜には使えない。

あちこちの食堂や居室の配膳《はいぜん》室から、

「うずら卵は1人何個ですか」

といちいち聞かれても、煩《わずら》わしくて、

「知らんがな！」

と返したくなってしまう。

昔はうずら卵を使っていたが、そんなやりとりが過去にあったのだろう。私が来たときには、すでにうずら卵は使用履歴から消えていた。いっそのこと、数えきれないくらいうずら卵を入れたらいいじゃないかという職員もいたが、うずら卵は単価が高く、予算に見合わない。それより、うずら卵はやはりその他大勢のポジションではなく、唯一無二、孤高の存在でないとおかしい。「Ｙａｈｏｏ！知恵袋」でも「なぜうずら卵は１個なんだ」という問いに対して、ベストアンサーは「見栄えの役目として１個あれば十分だから」であった。同じような疑問を抱く人はいるものだ。

似たような大きさの食材として、ミートボールがある。こちらはなぜか数物としての存在感は薄いようだ。うずら卵と大きさや形は似ているのに、なぜミートボールにはうずら卵ほどのオーラがないのか。その理由は、どうやら煮崩れやすいことにあるようだ。ミートボールは原価も安く、比較的使い勝手のよいたんぱく質食品である。しかし、大量調理で煮物や炒め物に使うと食材の重みで潰れたり、混ぜているうちに煮崩れたりしやすい。そのため、ボールの形が残るものと、崩れてひき肉状になるものとが現れる。大きさが均一でなくなった時点で数物としての認識から外れ、その他大勢の具材と同じレベルに成り下がるのだ。

ここではそれを逆手《さかて》に取って、調理を行う場合もある。あるとき、２センチ角ほどのサイコロ状になった魚の冷凍食品を使った。骨がなく、片栗粉がまぶされていて揚げて調理する。揚げただけでは味がないため、タレを絡めることにした。釜の中で絡めた魚はそれほど崩れずに、サイコロ形をほどよくキープしていたが、これがかえってややこしいことになりそうだと予感した。

それは作っていた西沢君も同様で、

「これ、数物認定されると困りますね」

とつぶやいた。

「私もそう思った。1センチ角くらいの大きさならいいんだけど、この大きさだとね〜」

ということで、せっかく形ある具材をあえて崩す作戦に出た。見た目には絶対に崩さないほうがおいしそうだし、いわゆる映えることは一目瞭然。しかし、ここでは数で不公平感が出ないようにすることのほうが重要。西沢君に指示してさっきまで丁寧にタレを絡めていたのに、今度はへらでガンガン崩してもらい、1個1個を識別できない崩れた状態に仕上げた。

悲しいことに、ここ刑務所では料理の見た目は重視されない。お世辞にもおいしそうとはいえない猫のエサのような料理に仕上がった。いや、猫缶のほうがきれいかもしれない。猫缶に失礼だ。

さて、前述した「煮魚事件」も実はこの配膳ルールに起因していた。そもそも煮魚の煮汁は多少煮詰めることはあっても、片栗粉でとろみをつけることはない。なのに、ここではなぜとろみをつけているのか……。それもやはり「平等」が鍵だった。大量調理で煮魚を作るとどうしても汁の量も多くなる。それを無駄なく等しく魚に絡ませて配膳するためには、とろみがついているほうが都合がいいということで、片栗粉を加えるようになったらしい。

とろみの程度は濃度に比例する。片栗粉を定量の100グラム用意しても、煮汁の量は作る人によって少なかったり多かったりするので、濃度もどうしても変わってしまう。片栗粉だって水で溶いてから少しずつ加えて熱し、とろみ具合を確認する必要がある。場合によっては片栗粉を追加したり煮汁が少なければ使わなかったりというのもアリだ。しかし、刑務所では、受刑者が勝手に調味料などを加減したり味見したりできない。そのため、彼らは用意された材料をすべて使えば間違いないと思っているのだ。結果、前述のわらび餅が生まれた。

以後は水溶き片栗粉は少しずつ加えて熱し、とろみ具合を調節すること。余った場合は担当刑務官に報告の上、廃棄してもよいという指示をした。

彼らが裁量で決められるのは、水の量と加熱の加減、それと時間くらい。逆にいえば、そんな制限の中でよくもまあ調理をやってるもんだと感心させられる。

みょうがはどこまでむくのが正解か

あるとき、彼らの皮むき作業を見ていて驚いた。じゃがいもの窪《くぼ》みの部分めがけてひたすらピーラーで何度もむいている。通常、芽を取りたいのなら、ピーラーに付いている芽取り部分を使えばいいし、包丁なら柄《え》に近い刃の角の部分で取り除けばいい。しかし、彼らは窪みを削り取ろうとしているのだ。そのために、食べられるところも一緒にむいてしまっていて、多くの可食部分を捨てていた。

野菜を洗ったり、根菜類の皮をむいたりするのは下処理係の担当だ。私と食料担当の杉山刑務官がその日に使用する生鮮食品を炊場に搬入すると、下処理係がメニュー別に計量して分別し、下準備に入る。

じゃがいもの場合は専用の皮むき器があって、それを使う。洗濯機のように筒形になっていて、一度に10キロ程度じゃがいもの皮をむくことができる。中にじゃがいもを入れ、スイッチオンで筒の中へ水の注入が始まって、洗濯槽のようにガラガラ回り出す。筒の内側はやすりのようになっていて、遠心力で皮がむけていく。むけるというよりやすりで削れるといった感じだ。しかし、じゃがいもは芽があるため、ある程度むいたら最後は手作業で窪みになっている芽の部分を取り除く手間があって、結構時間がかかる。

栄養士が使う食品成分表には食材ごとに廃棄率が明記されている。廃棄率とは、野菜でいえば皮や根などの食べない部分の重量比率を指す。じゃがいもの廃棄率は10パーセントなので、10キログラムのじゃがいもの皮をむいたら残りは9キログラムになる計算だ。その平均的なデータをもとに発注を行っているのだが、あの皮むきでは廃棄率は間違いなく多い。かといって、包丁の扱いに慣れていない彼らに包丁で芽を取る方法を教えるのも危なくて心もとない。ピーラーの芽取りの存在すら知らない彼らにその使い方を教えるより、もっといい方法はないだろうか。

いろいろ考えた結果、彼らのやり方を変えるのではなく、私が発注を変えることにした。それまでは「じゃがいも」としか指定していなかった見積もり依頼に、「じゃがいも(メークインLサイズ)」と指定することにした。それまで使っていた男爵に比べてメークインのほうが窪みが少ないし、Lサイズであれば同じ総重量に対して個数を減らせ、その分、表面積が少なくなるため、皮むき作業は短時間で済む。

また、年間を通して価格が安定している冷凍じゃがいもを使用食材に加え、生のじゃがいもが高い時期や土日の人手不足なときには、皮がむかれた状態のこの冷凍のものを使うようにした。相手を変えたければ、まず自分を変えるべきというではないか。それに倣ったわけだ。

さて、じゃがいものほかにも下処理作業には珍事がたくさんあった。あるとき、季節感を出すために豚しゃぶの薬味としてみょうがを購入したことがある。献立カードには細かく刻むと書いておいたが、炊場から電話がかかってきた。

「すみません。みょうがはどこまでむくんですか？」

と聞かれ、間髪《かんはつ》入れずに、

「むきません！　そんなことしたらなくなります！」

と大声で叫んでしまった。

本当か嘘か知らないが、サルにらっきょうを与えるとむき続けてしまい、最後に食べるところがなくなって怒ってしまうとか……。ここでは受刑者が怒るというより、困惑するというか途方に暮れてしまうだろう。そんな様子が想像できて電話を切ったあと、笑いころげてしまった。

皮むき事件はほかにもある。さつまいもの皮をむく場合は、厚くむいたほうが色もよく口当たりもいい。しかし、刑務所でそんな心遣いは無用だ。だが、彼らがさつまいもの皮をむいているのを見ていると、じゃがいも同様にむきすぎている。

なぜむきすぎるのかというと、さつまいもが変色しやすいからだ。さつまいもを手に取り、皮をむきながら回転させ、一周終えると、さっきむいたはずなのに色が悪い。そこでまた一周とむいているうちにどんどん小さくなる。私からすると、何やってんだ？という感じだが、彼らにとっては変色が傷んで見える。結果、何周もむいてしまうのだ。

そこで、今度は基本的に皮付きのまま調理してもらうことにした。そのほうが無駄に減らないし、作業も簡略化できるし、一石二鳥ではないか。いや、皮に多く含まれている繊維質も取れるから一石三鳥かもしれない。傷んだ部分だけ皮をむき、変色は傷んでいるのではなく褐変《かっぺん》（食品が調理・加工・保存などによって褐色に変化すること）なので健康被害はなく、味にも影響ないことを伝えた。うちではごぼうは冷凍のささがきごぼうを使うが、生のごぼうを与えたらきっとなくなってしまうだろうな。ある意味真面目な彼らなら絶対そうなるだろう。

冬瓜《とうがん》のときもたまげた出来事があった。冬瓜は夏野菜だが、冬の瓜と書くのは冬まで保存がきくからだ。白い可食部は少しスポンジのような質感で非常にやわらかい。その半面、緑色の皮はとても頑丈だ。保存がきくのは、その分厚い皮のおかげだろう。冬瓜は非常に大きく、1個あたりの重量が3キロくらいのものもある。

あるとき、下処理係がまるで乳飲み子を抱きかかえるように冬瓜を持ち、ピーラーでむいているではないか！　あまりに衝撃的な姿に目を丸くした。しかし、それ以上に驚いたのが、そう感じたのは私だけだったことだ。

「ねえ、冬瓜っていつもこんなむき方してるの？」

「そうっス。ここに書いてあります」

なんと、「作業標準書」にこんなふうに書かれていた。

「冬瓜は落とさないようにしっかりと抱えて皮をむくこと」

いやいやいや、冬瓜は断じてそんな風に皮をむくものではない。包丁で扱いやすい大きさに切り分け、種と周りのわたの部分を除き、包丁でむくのが一般常識だ。しかし、ここでは長らく丸のままピーラーでむくことがスタンダードだったらしい。

料理経験の乏しい彼らにとって、作業標準書は献立カードと並んで手放せない〝虎の巻〟だ。炊場にあるすべての機器に関して、例えばピーラー一つについて取り扱い方法が書かれている。刑務所独自で作成されていて、受刑者が機器を使ってケガをした場合に施設側の指導の落ち度になることがないように、作業事故やケガがあるたびに書き換えられている。受刑者にとって作業標準書の内容は絶対なのだが、私の目から見ると首をかしげたくなるのだ。

「ねえ、重いよね」

「はい、重いっス……」

「だよね」

以来、冬瓜の切り方は変わったが、その後冬瓜を使うこと自体をやめた。冬瓜を煮込みすぎて姿形がなくなり、ただの汁物みたいになることが続いたからだ。

給食作りって、難しい。

メロンが倒れてしまうのはなぜ？

刑務所でメロンなんて贅沢《ぜいたく》だ。そう言われることがあるが、うちで出すのは外国産ハネジューメロンだ。メロンが贅沢というのは昭和の時代の人たちだろう。このメロンは、よく思い浮かべる網目がついた高級フルーツのマスクメロンとは似て非なるもので、味もそんなメロンに比べるとぼんやりとした甘みで、ほぼ瓜《うり》だ。ちょっと甘みのある冬瓜といった表現のほうがしっくりくるかもしれない。そのハネジューメロンは小玉すいかくらいの大きさがあり、1人あたり16分の1に切るよう指示してあった。

「栄養士さん、メロンの切り方を教えてください」

内線電話がかかってきた。人数分に切るだけなのに、何がわからないんだろう。そう思いながらいつものように競歩の要領で炊場へと急いだ。炊場に着くと、メロンを切る作業台の周りで担当刑務官を含め、下処理係3〜4人が待っていた。

「お待たせ〜。どうしたの？」

と聞くと、

「これでいいんでしょうか……」

と、16分の1に切られたぺらぺらのメロンを見せられた。

〈う……、そうきたか〉

思わず、心の中でこう呻《うめ》いてしまった。

「じゃあ、説明しながら切るから見ててね」

気を取り直して、包丁を手に取る。

「まず、縦半分に切るよね。種の部分をスプーンで取り出します。次にまた縦半分に切ります。これで4分の1ね。もう1回縦に切ると8分の1になるよね」

そう言って、ボートのような形になったメロンを見せる。周りの男子たちは、私の手元を怖いくらいに真剣なまなざしで見入って聞いている。

「さあ、あと1回半分に切ったら16分の1になるのはわかるよね」

そう言うと皆がうなずいた。ここまでは自分たちの切り方とすべて合っている。何が違うのだろう……、その場にいた全員がそんな面持《おもも》ちだった。

「じゃあ、最後ね。最後の包丁は、縦半分じゃなくて、こう切るの」

私はボート状に切られた一つを取って、斜めに包丁を入れて半分に切った。すると、

「おぉ〜！」

と、歓声が上がった。ふふっ。この瞬間がたまらない……。何も特別な技を披露しているわけではない。それなのにこの賞賛の声。ほくそ笑みながらも、彼らにそれを悟られまいと振る舞う。

「君たち、最後まで真面目に縦に切ってちゃダメだよ。ほら、君たちが切ったメロンは薄っぺらくて立たないじゃん。倒れちゃうでしょ。これだと大きいお皿が必要だし、格好悪いし食べにくいよね。私が切ったメロンはちゃんと立ってるでしょ。大きさだって同じだよね」

どうやらみんなこの形がなんとなく頭にはあったようだ。指示通り、1個のメロンを16分の1に切っているのにこの形にならない。そうか、最後は斜めなんだ！と、目からウロコだったらしい。なんか、彼らって真面目なんだかピュアなんだか、天然なんだか……。

「あざっス！」と言って切り始めた彼らが、可愛い生徒のように見えてくるから不思議だ。

さて、人数分に切り分けるフルーツと違って、煮物用の野菜を切る作業はほとんどを電動スライサーで行うようにした。以前はやたらと乱切りが多く、包丁で一つずつ切る必要があった。乱切りの乱は乱雑の乱という文字を使うからか、ただ不規則に切ればいいと思っている輩《やから》がいる。しかし、形は不規則であっても大きさを揃えるのが料理の鉄則だ。そうしないと、火の通り具合や味の染み込み具合に差が出てしまう。

とくににんじんや大根などの棒状の根菜を乱切りにすることが多く、回しながら切るため「回し切り」と表現する場合もある。いまだに正しく理解している人は少ないかもしれない。一つずつ切るため、乱切りはどうしても時間がかかってしまう。

そこで、乱切りを極力少なくして、スライサーで済ませられるいちょう切りを増やした。これなら大根やにんじんを縦に四つ割りにするところまでを包丁でやれば、あとはスライサーで一気に切ることができる。

しかし、ここでまた新たな問題が……。大根もにんじんも、大小さまざまな大きさのものが入荷する。規格外のほうが安いのだ。直径3センチのにんじんと直径5センチのにんじんでは、いちょう切りにした場合に大きさがかなり変わる。さらに細かいことだが、1本のにんじんでも根元と先端では直径に差がある。先端の細い部分ならいちょう切りでなくても半月切りでいいし、直径が10センチ以上もあるような太い大根では、いちょう切りでもひと口大より大きく、食べづらい。

そんな場合は、4つ割りではなく6つ割りにすればひと口大になりそうなもので、大きさを揃えて切ることを重視するなら、6つ割りでスライサーにかければよい。しかし、それを判断できない彼らはいつでも4つ割りにするので、でっかいいちょうの大根と小さいいちょうのにんじんが混在する煮物ができ上がることになる。当然、にんじんは煮崩れてしまい、職業柄とても気になるのだが、ここでは目をつぶっている。

軟飯でおはぎもどきが泥団子に

病院や施設では、地震などの災害があった場合のために非常食を整備しなければならない。当所にも非常食が整備されていて、賞味期限が近づくと通常の給食として活用している。どこの施設でもそうしている。

非常食の整備方法は、ここ数年ローリングストック法が推奨されるようになった。ローリングストック法とは、「ザ・非常食」といったものを購入するのではなく、通常の食事で賞味期限が比較的長い食品を計画的に使用しては補充するということを繰り返し、非常時にも備えられるようにする方法だ。使い慣れた缶詰やレトルト食品を多めにストックするイメージといったほうがわかりやすいだろうか。

その理由は明白だった。5年とか3年といった賞味期限の長い非常食は、とても高価だ。パンが1個で300円近くするし、レトルト惣菜も1食分が500円くらいするものもある。その割に量は少ないため、腹もちが悪い。そのくせ、おいしくないのだ。それに、乾パンの中には歯が折れそうと感じるものも多い。

当所にも、私が着任する前の東日本大震災を機に購入したザ・非常食があった。それらを通常の食事として出したところ、かなり苦情が出る結果となった。そこで、そのまま出すのではなく、加工することになった。そのときに出したのが、「おはぎもどき」だった。

このメニュー名については、苦し紛れのネーミングなので納得していない。だって、ダサいじゃないか。しかも、中途半端に余った非常食の軟飯《なんぱん》を消費するために、1回ぽっきりの在庫処分セールのつもりで考えたものなのだ。軟飯はユニバーサルデザインフードといって、日常の食事から介護食まで幅広い世代に使える食品の一つで、非常食の分野においても採用されている。ご飯とおかゆの中間くらいの仕上がりで、舌でつぶせる程度のやわらかさだ。

この「おはぎもどき」は、軟飯に市販の粒あんを混ぜたものだ。だから、おはぎのようでおはぎじゃない。言い方を換えれば「なんちゃっておはぎ」でもよいのだが、さすがに不真面目感があるので、「もどき」に置き換えた。1回だけだし、恥ずかしいネーミングでもすぐに忘れられるだろうと思ったのだが、意外にもこれが嗜好調査のアンケートで上位に入ってしまったため、その後しばらく呼ばれ続けることになってしまった。

最近になって、あるテレビ番組で某タレントが「ぬれおはぎ」がおいしいと言っていた。当時、私が作りたかったのは、まさにぬれおはぎなのだが、レシピを誤ってしまった。軟飯の上に粒あんをのせるとなると盛りつけ作業が2回になり、配膳に時間がかかってしまう。そのため、粒あんと軟飯を「軽く混ぜる」ことにして、1回の盛りつけで済まそうと思ったのだ。しかし、彼らには「軽く」が通じなかった。どう見てもその混ぜ方は「しっかり」であり、見た目が泥団子ではないか！

私の頭の中では、白い軟飯と小豆色の粒あんのコントラストが効いた、美しいマーブル模様の仕上がりをイメージしていたのだが、それではあんこの量が均等に配分できているのか判断しにくい。刑務所ではマーブル模様は不平等に映り、しっかり混ぜ合わせてしまうのだと悟った。「簡単！　混ぜるだけ」。そんなうたい文句のレシピはいくらでもある。しかし、調理経験のない男子は「軽く」の程度がわからず、とにかく「しっかり」なら間違いないとばかりに混ぜてしまうのだ。それをひしひしと感じた出来事だった。

しょう油が先か、砂糖が先か

「混ぜる」という単純作業にも、実はコツがある。家庭の主婦なら恐らく自然にやっていることだ。例えば、砂糖大さじ1としょう油大さじ1を混ぜる場合、どちらを先に計量スプーンで量ろうが結果は変わらない。ボウルに砂糖、しょう油の順で入れようが、しょう油、砂糖の順に入れようが味に差は出ない。

しかし、合理的に行うなら砂糖を先に計量すべきだ。これは正解・不正解という問題ではない。先にしょう油を量ってしまうと、その計量スプーンを洗わないといけない。もしくは、もう1本スプーンを使うことになる。前述の男性向け料理教室ではそんなことがよくあった。

「しょう油がついた計量スプーンを砂糖に突っ込んだのは誰ですか！」

と、叫ぶ羽目になる。何も気にしない人は、しょう油で濡れたスプーンを砂糖の容器に突っ込んでしまうため、砂糖にしょう油が染み込んでしまうのだ。砂糖、しょう油の順に大さじを使えば、作業効率がよくなり、ストレスが少ない。些細なことだが、そういったことをたくさん知っている人とそうでない人とでは、かなり差が出てくると思う。AにBか、BにAか混ぜる順番で労力が変わったり、一気に混ぜるか、少しずつ混ぜるかで仕上がりが違ったりする場合がある。

とくに大量調理であれば労力だけでなく調理時間にも影響するため、その知識は必須であり、混ぜるという作業を甘く見ると大変なことになってしまう。まさに「混ぜるな、危険！」という場面が出てくるのだ。

主食がパンの日に作っているカスタードクリームも、混ぜるテクニックが求められるメニューだ。バナナを入れたり、みかん缶とヨーグルトを加えてさわやかな仕上がりにしたり、バリエーションがあるので人気が高く、彼らはそれをコッペパンに挟んで食べる。今は私が立ち会って教えなくても上手く作れるようになったが、最初の頃は小麦粉のダマができてしまい、なかなか口当たりのいいなめらかなクリームに仕上がらなかった。牛乳に小麦粉を加えるとダマになりやすい。

しかし、砂糖と小麦粉をしっかり混ぜてから牛乳に加えると、さらっと溶けてダマにならない。小麦粉のように粒子の細かい粉は、水分に加えたときに空気を抱き込んでしまう。水に接した部分は皮膜になってしまい、それ以上粉に水分が染み込むのを妨げてしまうためにダマになる。砂糖のように、粒子が大きく重量のあるものに細かい粒子をまとわりつかせて加えることにより、牛乳の表面に散らばることなくさらっと溶けていく。

ちょっとしたことだが、このひと手間をかけることでダマのストレスから解放されるのだから、知っておいて損はない。ココアや抹茶も同様なので、まずはマグカップに牛乳を入れ、砂糖とココア（抹茶）をよく混ぜてから加えてみてほしい。

さて、何度か一緒に作り、小麦粉の混ぜ方だけでなく加熱の要領や仕上がりの見極め方など、彼らが自分たちだけでできて、かつ極力単純な工程に工夫した結果、今では安心して任せられるようになった。ただし、うちのメニューの中ではやはり難易度が高いことに変わりない。次期調理係になるであろう松崎君は、こっそりこんな弱気発言をしてきた。

「僕が調理係になったら、カスタードクリームは避けてください」

ですって。すかさず私は、

「何？　カスタードクリームは俺に任せろってて？　さすがだねぇ！　頼もしいわぁ」

と、とぼけてみせる。ダメだ、こりゃという表情を浮かべる松崎君。人気メニューの調理は責任重大だから、その気持ちはわからなくもない。失敗したら責められるのではないかと不安になるのだろう。

「大丈夫だよ。自信がなければいつでも呼んでくれて構わないから」

とは、心の中でつぶやいただけだから、松崎君は私のことを意地悪ばあさんみたいに思っているのかもしれない。

単純なようで難しいゆで調理

「ゆでる」という調理は、いろんな加熱調理法の中でももっとも単純ではないだろうか。小学5年生から始まる家庭科で最初の調理実習がゆでたまごだったはずだ。しかし、これが大量となると家庭で行うのとは勝手が違ってくる。

ゆで卵という単純な料理がかえってうちのような施設では出しにくいのだ。食中毒予防のために加熱調理は中心までしっかり加熱したものでないと出せないため、半熟のゆで卵は出せない。固ゆで卵はのどに詰まりやすいし、認知能力の低い者だと殻《から》付きのまま食べてしまってケガをする可能性もある。誰でも、卵の殻がむきづらくてイライラした経験はないだろうか。

うちでは、パンが主食のときにはパック入りの業務用たまごサラダを出していたが、ゆで卵から作ったほうが安くできて、その分1人あたりの量を多く出せる。しかし、ゆで卵の殻がつるんとむけなければ調理時間がかかるし、これまた無駄に廃棄率が増えてしまう。そこで、「ちょっとめんどうくさいけど、協力してくれない?」と、彼らに提案してみた。

「量が増えるなら俺たち、がんばります！」

よしよし、案の定そうくると思ったよ。可愛いじゃないか。

つるんとむけるゆで卵にするには、ゆでる前に卵に細工をする必要がある。ゆで卵の殻がむきにくくなる原因は、白身に含まれる炭酸ガスが加熱により膨張するために薄皮にくっついてしまうためだ。ゆでている間にこの炭酸ガスが抜けるようにしてやれば、殻はつるんとむけるのだ。そのためには、殻にスプーンの裏などで卵の丸っこい側にわざとヒビを入れてからゆでることによって、解決する。

単純な作業だが、慣れていない彼らはつい力が入りすぎてしまう。ヒビを入れたいのであって、割りたいわけではない。まぁ、どうせゆで卵はむいたあとに潰すのだから、割れて白身が飛び出した不細工なゆで卵でも大丈夫なのだが。

こういった力加減はレシピで文字化するのが難しく、場数をこなして慣れるしかない。それに一見つるんときれいにむけた卵でも細かい殻が付いていると、今度は異物混入になってしまう。尖った殻が混入していたらケガの原因にもなるため、慎重に洗ってから潰してスライス玉ねぎとマヨネーズなどの調味料で仕上げる。これによって、約束通り1人あたりの量を増やせたので、手間はかかるが手作りすることになった。

ほかにゆでる作業で印象深かったのが、桜庭君と麺類だ。スパゲティをゆでるとき、熱湯の中に入れたらすぐに混ぜるというのが鉄則だ。しかし桜庭君はスパゲティを極太の束状にゆで上げるということを何度かしでかしてくれた。熱湯に入れた瞬間に緊張の糸が切れるのか、混ぜるのを忘れてしまうようだ。そんな状態になってから呼ばれても、スパゲティ10本ほどがくっついて束になったものが簡単にバラバラになる方法はなく、釜から束を取り出して地道にほぐして釜に戻すしかない。

「んも〜! 束にゆでるの好きだよね?」

と嫌味ったらしく言い、時折、「熱っ!」と声を上げながらしょーもない作業を繰り返す。こういった黙々と続ける仕事は、毎日ではたまらないが、たまになら許せるし、嫌いではない。手を動かしながら、

「あ〜、めんどうくさいわぁ」

と桜庭君をチラ見すると、彼は顔を赤くして「さーせん」なんて言うので、

「す・み・ま・せ・んでしょ!」

と即返す。

釜の前で嫌味を言いながら、彼らとこんな地味な作業をするのも悪くない。

ポテトサラダがべちゃべちゃのワケ

うちのポテトサラダってなんか水っぽいよね。なんでかなぁ。そう思うことがたびたびあった。炊場担当の刑務官にそう話して、次にポテトサラダを作るときには、立ち会わせてくださいとお願いしておいた。

これまでは、釜に乱切りにしたじゃがいもと、いもの表面がひたひたになるまで水を入れてゆでていた。だが、今回はゆですぎて崩れてしまわないようにやや水は少なめにして、蒸すような感じにしてみようと調理係の元木君に伝える。「そろそろかな」とフタを開け、箸で刺してみてゆで具合を確認する。

「よし！　いい感じ。ザルに上げて」

と指示すると、ザルのじゃがいもはホクホクして大量の湯気が上がっている。さて、あとはハムやマヨネーズを混ぜるだけだ。

「ちょっと冷ましてから仕上げようね」

そう言って彼のもとを離れてほかの仕事をしていた。しばらくして戻ると、目を疑う光景が……。彼がゆで上がったじゃがいもに水をかけていたのだ。

「ちょっと待った! もしかして、いつもこのやり方?」

「そうっス」

いやいやいや、冷ましてとは言ったが、水をかけろとは頼んでいない。しかし、ゆでキャベツのサラダや葉物野菜の場合は水にさらしてから絞るじゃないか。それと同じだと思っていたらしい。監視している刑務官たちも誰もおかしいとは思わず、これが定番のやり方になっているらしい。

確かに、大量調理の現場では家庭料理や飲食店の調理方法とは異なることがある。恐らく、過去に誰かが誤った調理を行ってしまい、それが継承されてしまったのだろう。とりあえず、やってしまったものは仕方ない。今回はそのじゃがいもにそのほかの材料とマヨネーズを加えて和えたため、やっぱりいつもの水っぽいポテトサラダができた。そして、はっとして元木君に聞いてみた。

「もしかしてかぼちゃのサラダもこのやり方?」

「はい……」

あ〜、それで謎が解けた。以前にかぼちゃサラダの量が少なくて、ある居室棟の刑務官から電話を受けたことがあった。

「かぼちゃサラダがいつもより少ないんですけど、どうかしましたか？」

その日は、たまたまかぼちゃの切り方を間違えたらしく、いつもより小さく切ってしまったらしい。しかもいつもと同じゆで時間にしたから、ゆで上がった時点でかなりかぼちゃが煮崩れていたと思われる。それをザルに上げたら、果肉部分までザルの目の間から流れ落ちて減ってしまった。さらに水をかけてそれに追い打ち……。よって、捨ててしまった分が増えてしまい、でき上がり量が減ってしまったのだ。

その現場を見てはいないが、容易に想像できる。どうりでかぼちゃサラダも水っぽいんだ。私には衝撃的な出来事だったが、彼らにとってはそれほどでもなかったらしく、「そうっスか……」と軽く答える程度の反応。ちなみにポテトサラダには気づいたものの、かぼちゃサラダの水っぽさには気づかなかった。

理由は、単純明快。

実は私はかぼちゃが苦手で、今まで味見をしてこなかったからだ。栄養士にも嫌いな食べ物はあるし、嫌いな食材が自然とメニューにも登場しないのは、「栄養士あるある」だと思う。いやぁ、これはきっとまだまだ私が知らないだけで、驚く調理マニュアルがありそうな気がする。ここはなんてスリリングな給食施設だろう。

歴史的改革！ 煮物の下ゆでやめました

章冒頭で紹介した煮魚のほかにも、煮物のレシピにかなり無駄が多いことに気づいた。やたらと下ゆで作業が多いのだ。例えば、大根、にんじん、こんにゃくが入った煮物の場合、それぞれ1種類ずつ下ゆでするから、3回同じ作業が必要だ。最後の4回目に調味料を加えた煮汁の中に大根、にんじん、こんにゃくを加えて仕上げているのだ。

「この下ゆで作業っていりますか？　どうしてこのやり方なんですか？」

田端刑務官に尋ねると、

「さぁ……」

と、自信のない返答だった。法令に従って実務を行う刑務所では、何事も根拠に基づいてそれぞれの職務を遂行している。しかし、これといった根拠がないならよりよい方法に変えてもよくない？　その提案ができるのは、間違いなく私でしょ。

「こんにゃくなら、臭みが取れるから下ゆでするのはわかります。でも、大根やにんじんまで下ゆでする必要ないですよね。時間も労力も水道代も光熱費も無駄です。何より作業工程が多いのは、ケガや事故の可能性も増えます。ついでに栄養士の立場として言わせてもらうと、水溶性の栄養やうまみがゆで汁として流れ出てしまうので、味や栄養価も落ちるはずです。こんにゃくだけ下ゆでして、あとは野菜を煮ながら調味料を加えていけば作業は楽になるし、時間は短縮できるし、無駄な洗い物や水、光熱費もなくなるし、おいしくできるし、変えない理由はありません！」

そう理屈っぽく一気にまくし立てると、彼は納得してくれた。どうやら彼も疑問に感じていたようだ。さすが料理のできる男は理解が早い。

これによって煮物のレシピは格段に作業が楽になり、光熱費削減にも貢献したはずだ。もっと上司にアピールしておけばよかったと、あとで気づいた。

男子の腕力が頼もしい炒め作業

炒め物は非常に疲れる。中華の料理人の手さばきで思いつくのは、中華鍋を振る姿ではないだろうか。高温で熱した中華鍋に食材を加え、華麗に手首を返すことで宙を舞った食材がまんべんなく加熱されていく様子は熟練技だ。家庭のフライパンで3~4人分を調理するのも大変だが、何百人分となるとまた桁《けた》違いに重労働だ。汁物や煮物のように、あらかじめ水分のある料理はいい。浮力によって水分の中では肉や野菜などの具材が浮くため、大きな釜であってもへらを軽くかき回すだけで材料が混ざり合うからだ。これが炒め物になると、へらを底からかき混ぜて上下を入れ替えないと混ざり合わない。

小学校では約700人分の給食を6~7人の女性調理員で作っていた。給食事務は職員室で行っていたが、たまに給食室に行って手伝うこともあった。ある日、給食室に入っていくと一番ベテランの調理員さんから、「ちょっと、これ混ぜといて!」と、船のオールのような調理用へらを渡されたので、豚肉、キャベツ、にんじんが入った炒め物を混ぜることになった。

釜の直径は私の身長くらいだから、直径150センチ程度だろうか。炊場の釜よりひと回り大きい。高さは腰のあたりくらいだ。慣れない作業に四苦八苦していると、「そんなんじゃ、腰を悪くするよ！」と叱られてしまった。よほど私がへっぴり腰で頼りない手つきだったのだろう。任せられないと思ったようで彼女が戻ってきた。

「腕の力だけで混ぜようとすると腰に負担がかかるから、こうやってテコの原理を使って返すの！」

なるほど！　へらの先を釜底中央につけて柄の部分を釜の縁にあてる。そのあてた柄の部分を支点として体重をかけながらへらの先をくるっと回すと、底に隠れていたにんじんが表面に出てきた。おもしろいかも！　そう思って何度かやってみたが、やはり一朝一夕にはいかない。反動が大きすぎてにんじんやキャベツが釜の外に飛び出てしまった。

「んも〜！　下手くそだねぇ！」

「すみません（笑）」

「あんたに任せたら材料が減っちゃうわ！」

そう言われて、お役御免となった。一見単純そうに見える作業が、実は経験値に基づく熟練技だったりするのだ。ちなみにこのとき私に教えてくれた調理員さんは、身長140センチ台だったし、年齢だって確か定年を過ぎていたはずだ。

当時は、私が下手くそと言われていたが、今は私が受刑者らに「下手くそ！」と叱っている。しかし、炊場のメンバーは若い男子が多く、腕力があるからテコの原理など使わなくても軽々と混ぜることができる。そこは実に頼もしいところだ。そして、彼らの筋肉は私の献立により作られていると思うと、モチベーションが上がる。

以前勤務していた病院では、先輩栄養士がこんなことを言っていた。

「炒めるっていう字は火に少ないって書くでしょ。大量調理だと加熱が不十分になりがちだから怖いのよね」

なるほど、確かに。厚生労働省が定める「大量調理施設衛生管理マニュアル」では、加熱調理は中心温度が75度以上（食材によって異なる）を1分継続しないといけないルールだ。しかも、大量の炒め物は、野菜から水分がたくさん出るため、炒め物といっても煮物のような仕上がりになってしまう。見た目は炒め物とは言い難いが、水分が出てくれたほうがしっかり加熱できるため、安心できる。しかし、給食のようにできたてを食べられないと、時間が経つにしたがってますます食材から水気が出てきてしまう。これは科学的に仕方ないことだが、盛りつけにくく、味もぼやけてしまう。

そこで、うちの給食には炒め物に緑豆はるさめを加えることにした。炒め物の具材を釜の端に寄せて真ん中に穴を作る。そこに水分がたまってくるので、緑豆はるさめを乾物のまま加えて蒸らすのだ。そうするとちょうどいい具合にはるさめが余分な水分を吸ってくれるので、炒め物の見た目を保つことができる。

欲をいえば、もっと短めにカットされたはるさめのほうが都合がいいが、そこは予算上厳しいので仕方ない。

君たちに火傷はさせられない！　私が焼く！

三重県四日市市のご当地メニュー「四日市とんてき」を再現すべく、実施したときのことだ。とんかつ用の豚肉に塩コショウで下味を付け、小麦粉をまぶし、油を引いたティルティングパン（69ページ参照）で両面を焼き、最後にケチャップやソースをブレンドしたとんてきソースを絡めればでき上がりだ。

しかし、これを大量に作るのはある程度予想はしていたもののきつかった。思いのほかに焼いた肉がこびりついてしまう。そのため、油を多めにして焼いてみたのだが、今度はどうにも油はねがひどい。

焼き物係に火傷《やけど》をさせたら大変だ。絆創膏《ばんそうこう》で済む程度の切り傷や冷水でちょっと冷やしておけばおさまる火傷であっても作業事故として扱われてしまい、上司にも他部署にも迷惑をかけてしまうからだ。

そのため、「ちょっとどいて！　私がやる！」と、彼らを押しのけて焼いていたら、結局最後まで1人で調理するハメになった。めちゃくちゃ疲れるわ、油まみれになるわで、ひどい目にあった。

片面ずつしか焼けない調理機器で両面を焼くには、ひっくり返さなければならないし、どの肉が焼けていてどの肉が焼けていないのか、ぱっと見て判断するのを彼らに任せてしまうのは心もとない。そのため、両面の焼き色を確認しながらひっくり返し、最後に混ぜ合わせておいたソースを絡ませてしっかり加熱する。最終的に油とソースがはねて白衣がダルメシアンのような柄になっていた。二度とやらない！と思っていたが、味は好評だったので、今も実施している。

しかし、とんてきという料理名だが焼かずに揚げることにした。焼くよりも揚げてからソースを絡めるほうが確実に加熱調理できるし、簡単だからだ。それと同じく、さんまのかば焼きも実は焼かずに揚げている。こういうちょっとした詐称はちょこちょこ存在するのだが、スルーしてほしいところだ。

給食施設で焼くといったら、たいていオーブンを使う。多機能なスチームコンベクションオーブンではなく、ガス式のオーブン機能のみのものだ。規格が揃った調理済みの冷凍ハンバーグであれば230度で15分などとマニュアルも示しやすいが、魚の切身や肉の場合は厚いものや平べったいもの、大きめや小さめ、解凍が不十分で半分凍ったものなどさまざまだ。それだと火の通り具合もムラができる。

それにオーブンにもクセがあり、焦げやすいところや火の通りにくいところがある。焼き物係の西沢君と一緒に、魚を並べながら説明する。

「天板に並べる作業なんて、簡単だと思ったら大間違いだよ。天板の真ん中あたりは火の通りが悪いから、薄っぺらい魚を置くでしょ。天板の端っこは火の通りがいいから厚みのある魚を置くの。そうすると全部がムラなく同じように焼き上がるわけ。わかる?」

「なるほど。考えて並べるんですね」

「そうだよ。逆にしちゃうと焦げるものや、生焼けのものができちゃう」

そんな会話をしながら、彼らと同じ作業をするのも悪くないと思う。

「ちなみに、3枚おろしのサバだと右半身と左半身あるでしょ。右と左、どっちがおいしいか考えたことある?」

「え? え……? み、右っスか?」

「……」

「え? どっちなんスか?」

黙々と魚を並べながら、彼の興味をしっかりひきつけるようにたっぷり間をおいてからこう言った。

「……知らんよ。そんなの一緒でしょ」

しれっとそう答えたら、

「なんでそんな意地悪な質問するんですか!」

と、怒られてしまった。

刑務所内で爆発事故？ 揚げ物って怖い

「栄養士さん？」

炊場担当の多田刑務官からの連絡で声に力がない場合は、まずいことが起こったときというのは前述のとおり。

「どうしました？」

「コロッケが爆発しました」

彼の声色《こわいろ》から、焦っている様子が手に取るようにわかった。受話器を置き、すぐに炊場に向かう。コロッケ爆発もある意味非常事態だから走ってもいい気がしたが、走らずに競歩のような足取りで炊場に向かう。途中何カ所も鍵を開けなければならないから、すぐに駆けつけるといってもそれなりに時間がかかってしまう。

到着すると、彼はうかない顔で爆発したコロッケの残骸《ざんがい》を見せてくれた。

「あ〜、はいはい。一度にたくさん揚げたんでしょ」

コロッケは中のじゃがいもが溶け出てしまい、周りの衣だけがまるで蟬《せみ》の抜け殻のようにカリッと残っていた。料理初心者にありがちな失敗だ。冷凍コロッケなんて、揚げるだけなんだから簡単だろ?なんて言う人がいるが、そういう人には冷凍コロッケを揚げたことがあるのだろうかと尋ねたい。

ちなみに私は冷凍コロッケを揚げるのが下手だ。たいてい見た目は焦げているのに中が凍ったままになることが多いので、まず冷凍コロッケは買わない。

コロッケに限らず、冷凍食品を揚げる場合に気をつけないといけないのは、一度に揚げる量だ。揚げ油にたくさん放り込むと、油の温度が急激に下がってしまい、衣が揚がって固まらないうちに、中の水蒸気がふくらんで皮をつき破って爆発するのだ。家庭で揚げ物をする場合、小さな揚げ物鍋では揚げ油が少ないからとくに失敗しやすい。その点、業務用のフライヤー（揚げ物機）であれば、油の量が多いから失敗は少ないはずなのに。

しかし、それでも失敗するなんてどういうことかというと、作業を早く終わらせたいばかりに、とにかくたくさん油の中にツッコんでしまったようだ。そのため、コロッケの残骸は30個にも及んだ。1個、2個の爆発で気づいたらすぐに取り出せばいいのに……と、思われるだろう。しかし、1個、2個と爆発し始めたら、ほかのコロッケを避難させる間もなく次々に爆発したに違いない。その結果の、30個だったのだ。揚げていた受刑者を呼び出し、簡単に注意をした。

「次々に爆発してびっくりしたでしょ？」

と聞くと、

「はい……」

そう答える彼の声は元気がなかったが、

「これねぇ、自爆テロだよ。でも、火傷しなくてよかったね。在庫があるから大丈夫！」

と言うと、

「はい！」

と、今度は先ほどより声が明るくなった。

失敗すれば怒られる。ケガや火傷をしても怒られる。下手すると、問題行動として報告されて取調室に引っ張られて調査される。調査の回数は彼らの評価にも影響するため、お咎《とが》めなしがよいのだ。それにしても、今回は十分な在庫があったからよかった。

また別のときには、フライヤーの揚げ油が信じられないほど煮えたぎっていたことがある。見たことない光景だった。フライヤーの中には揚げ油しか入れていないはずなのに、まるで沸騰した湯のようにボコボコと音を立てて沸いているではないか。恐らく油をフライヤーに入れたときに、油缶を伝って水が混入したのだろう。水は沈んでいるからぱっと見はわからない。加熱で温度が上昇し、１００度近くに達したときに水蒸気になり、周りの油を押しのけて浮き上がるためボコボコ沸いているのだ。

幸いすぐにガスを止めたので、あとは鎮まるのを祈りながらひたすら待つしかなかった。そんなときでも、さすが刑務官はいつも冷静沈着だ。田端刑務官によると、彼は炊場内で一瞬火柱を見たことがあるそうだ。何をしていてそうなったのかは知らないが、怖すぎるじゃないか。火に油を注ぐという言葉があるが、油に水を注ぐというのも同じくらい怖い。

爆発ではないが、揚げ物で困ることといえば「パン粉付け作業」だ。あるとき、パン粉付け作業を教えながら一緒にやっていたのだが、どうもパン粉が余りそうなのだ。中途半端に余らせても使い道がないので、作業も終盤になってきたときについうっかり、「多めに付ければいいよ」と言ってしまった。

すると、最後のほうに作ったとんかつのほうが見た目に大きくなった。不平等になってしまったのだ。そのため、多田刑務官に叱られた。いかん、いかん、ここは刑務所でしたと反省しきり。

また別のときのとんかつは、パン粉が足りなくなったらしい。それならそうと言ってくれればパン粉くらい追加できるのに、彼らが自己判断で残り少ないパン粉を豚肉に付けようとしたものの、小麦粉や卵まで少なくなったためにパン粉がうまく付かず揚げているうちに衣が脱げてしまい、最後のほうのとんかつは、とんかつとは呼べない代物になっていた。豚肉の素揚げで、しかも肉は揚げすぎてカリカリに……。先日叱られたときのように、大きさだけの問題ではない。豚肉の在庫はない。時間もない。どうするか……。

「1人1枚じゃなくて計量ものでいきましょう。今から刻みます」

多田刑務官にこう宣言した。平等に配膳するため、まさかの全員強制的に刻み食扱いという異例の作業をすることになった。刻み食とは、おもに高齢者向けの食事で、咀嚼《そしゃく》力や嚥下《えんげ》能力が低い場合に出されるものだ。

「手の空いてる人は一緒に刻んでね。これくらいの大きさね」

そう言って、ひと口大の見本を見せる。多田刑務官は各居室棟に連絡し、いつものとんかつとは形状が異なることを説明する。私と2人の受刑者はひたすらとんかつを刻み、また別の者がそれを混ぜて計量した。作業や連絡がひと段落し、彼がぼやいた。

「お前らなぁ、なんかおかしいと思った時点で報告しろよ……」

「ですよね〜」

ふぅ。とりあえず一件落着。おもしろいことやってくれるわぁ。

RECIPE

1

豚肉マヨネーズ炒め

材料（2～3人分）

・豚こま切れ肉……250g
・玉ねぎ……1/2個
・しめじ……1/2袋
・ブロッコリー……60g（1/4個）
・サラダ油……適量
・塩、こしょう……少々

A
合わせ味噌……大さじ1
マヨネーズ……大さじ4
一味唐辛子……少々
白ごま……少々

作り方

1 豚肉はひと口大に切る。Aは混ぜ合わせておく。
2 玉ねぎは1センチ幅に切る。しめじは根元を切り落とし、小房に分ける。
3 ブロッコリーは食べやすい大きさに切り分け、熱湯でさっとゆでる。
4 フライパンにサラダ油を熱し、豚肉に塩、こしょうを振って炒める。
5 玉ねぎ、しめじを加え、しんなりしてきたらブロッコリーも加え、最後にAを全体に絡める。

MEMO

もともとのレシピにはピーマンが使われていましたが、炊場メンバーの提案からブロッコリーに変更しました。ここではしめじにしましたが、刑務所では缶詰マッシュルームを使っています。男性好みのガッツリ肉系メニューです。

RECIPE 2

揚げれんこん

材料（3～4人分）
★写真はでき上がり50g

・冷凍れんこん……250g
・片栗粉……大さじ1～2
・小麦粉……大さじ1～2
・揚げ油……適量

・調味料バリエーション
A　塩と青のり
B　塩と黒こしょう
C　塩とカレー粉
D　胡麻和えの素
E　ピーナツ和えの素

作り方

1　ポリ袋に片栗粉と小麦粉を入れて、振って混ぜ合わせる。

2　1にれんこんを入れてさらに振り、粉をれんこんにまぶす。

3　低めの温度（160度）で揚げて一旦取り出し、高温（180度）でさっと揚げる。二度揚げすることでカリッとした食感に。

4　A～Eのうち、好みの調味料をまぶす。

MEMO

フライドポテトが冷めるとモサモサして不評でした。代わりにれんこんを揚げてみたところ、冷めてもおいしいことに気づきました。刑務所では乱切りの冷凍を使っていますが、輪切りでもいいですし、もちろん生のれんこんならもっとおいしくできます。二度揚げは炊場メンバーの発案です。

RECIPE 3

ゆずもやし

材料（3〜4人分）

・もやし……………1袋
・昆布茶……………小さじ1
・ゆずこしょう………小さじ1/2

作り方

1 もやしは熱湯でゆでて水にさらし、水気を絞る。
2 昆布茶とゆずこしょうで和える。

MEMO

自宅で作る際には、もやしが入っている袋の中に直接水を入れ、シャカシャカ振ってもやしを洗います。水を捨ててから、耐熱のものならその袋ごと電子レンジで加熱（600Wで2分ぐらい）すると時短になります。揚げ物の付け合わせとしてあるとさっぱりとしていいです。

RECIPE 4

カスタードクリーム

材料（でき上がり量約300g）

・牛乳……200ml
・卵……1個

A
砂糖……50g
小麦粉……大さじ1と1/2
スキムミルク……小さじ2（なくても可）

・バニラエッセンス（あれば）

作り方

1 耐熱ボウルにAを入れてしっかり混ぜる。この作業をするとダマにならない。

2 電子レンジで牛乳を沸騰直前まで温め（600Wで1分）、1に加えて泡立て器で混ぜる。

3 卵を溶いて、2に加えて混ぜる。電子レンジ（600W）で2分加熱し、泡立て器で混ぜる。

4 3を電子レンジ（600W）でさらに30秒加熱し、泡立て器で混ぜる。

5 4をもう一度繰り返し、バニラエッセンスを加えて混ぜ、滑らかなクリーム状になれば完成。クリームの表面にはりつけるようにラップをして、あら熱が取れたら冷蔵庫で冷やす。

MEMO

冷めるとぽってり固めのクリームに仕上がります。スキムミルクはカルシウムアップのためなので、なくても構いません。刑務所では購入していませんが、バニラエッセンスは卵臭さを消します。

第3章　全国刑務所人気ナンバーワン！「どんぶりぜんざい」

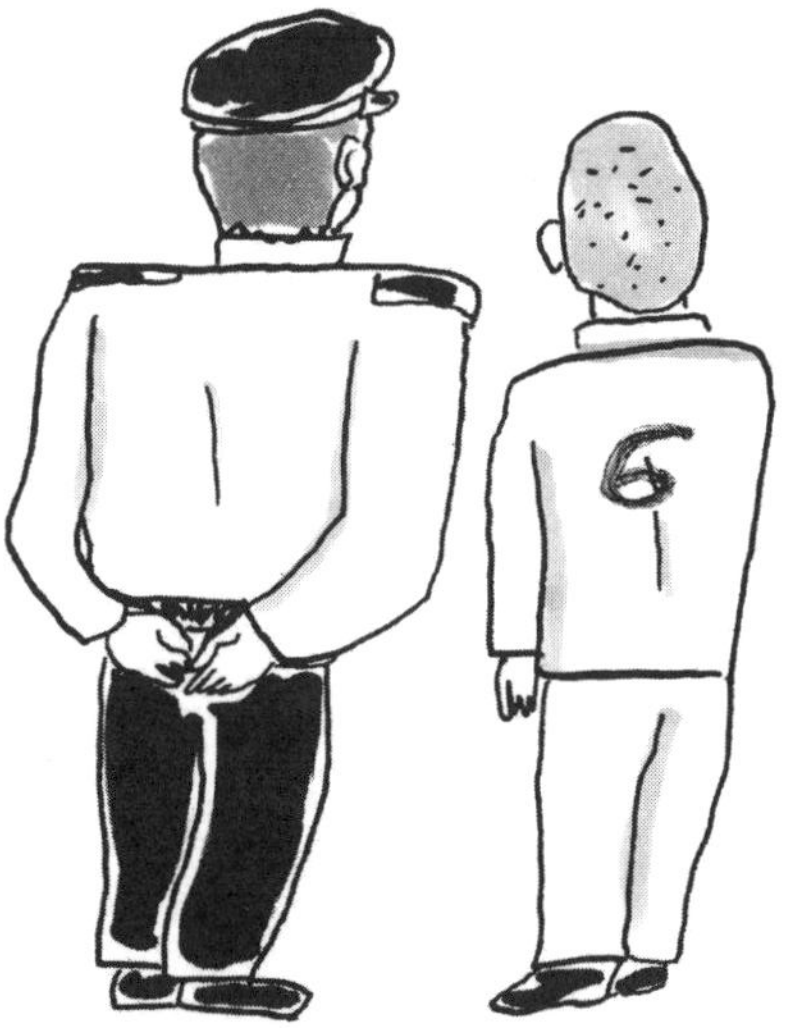

不動のセンター「どんぶりぜんざい」

全国の刑務所どこでも例外なく、人気ナンバーワンなのが「ぜんざい」である。

とくに珍しくもないメニューの人気の秘密は何なのか。それは砂糖をたっぷり使ったメニューだからだ。刑務所生活が長くなると、無性に甘いものが食べたくなるらしい。砂糖には、中毒性や常習性があるといわれる。そもそも、日本人の多くが砂糖中毒だという文献もあるくらいだ。食べ物に制限のある生活をしていると誰でもそうなるらしい。

服役前はそれほど甘いものが好きではなかった受刑者も、刑務所生活に慣れてくるとすっかり甘党になるのだ。私はそんな彼らを「スイーツ男子」と呼んでいる。酒やタバコなどの嗜好品《しこうひん》が一切ない生活の中では、甘味が唯一の癒しなのだろう。明治から昭和時代の小説家、武者小路実篤《むしゃのこうじさねあつ》の名言に「甘味は人の心を和らげる」とあるのも納得だ。

さて、驚くのはぜんざいだけではなくそれを含めた1食分の組み合わせと量である。

これが管理栄養士の作成したメニューなの？　非常識だ！　そう言われる自信がある。私も刑務所に勤務し始めた頃は驚いたというか、たまげたという表現のほうが合っている。当然ながら栄養バランスなんて無視した高炭水化物、高脂肪食なのだ。『変な給食』の著者である幕内秀夫《まくうちひでお》氏に知られたら、即取り上げられるに違いない。それほど栄養士や管理栄養士にとって非常識なメニューだ。

まず、ぜんざいの量が問題だ。普通に甘味処でいただくぜんざいといえば、味噌汁用ぐらいの小ぶりの汁椀に盛られる。ところが刑務所では、どんぶりサイズなのだ。重量にすると４００グラム近く、ずっしりした量感で、これが主菜というポジションである。主食はコッペパンで、１個が男子刑務所ではかなり大きめ。Ａ食の場合だと２００グラムほどあり、学校給食のコッペパン２個分に相当する。

どんぶりぜんざいの食べ方を刑務所特有のテーブルマナーで解説しよう。刑務所の食事時間は短い。10分程度で食べ終わらなければならず、ゆっくりと味わう時間などない。パンにぜんざいを挟んで食べる者、ぜんざいの中にマーガリンやちぎったパンをすべて入れて混ぜ合わせて食べる者など、正直いってお行儀がよろしくない。しかし、彼らはいかに効率よく食べるか、いかにいろんな味変を楽しむかを追求した結果、その食べ方に落ち着いているのだ。

あるとき、ぜんざいのメニューにマーガリンをつけていなかった。

「先生、ぜんざいにマーガリンはテッパンですよ！　絶対つけてください！」

後日、受刑者たちから懇願されて以来、ぜんざい、マーガリン、牛乳は必ずセットで出すようにしている。甘味たっぷりで幸せを感じられる、このメニューを月2回は出してほしいと要望されるが、管理栄養士としてのささやかな抵抗から、当所では月1回を基本としている。

ぜんざいに限らず、パン食の日はシチューやサラダなどと組み合わせられる惣菜パン系と、カスタードクリームなどを挟む菓子パン系の両方が楽しめるようにメニューを組み立てている。決まった食事しか出されないため、自分たちなりに混ぜたり挟んだり、味の選択肢を増やして楽しみたいのだ。

あるとき、こんなことを言われた。

「先生！　スライスチーズとブルーベリージャムを一緒に食べると、レアチーズケーキの味になるんですよ！」

「なに？　それ？　すごい発見じゃん！　マーマレードでもイケそうじゃない？」

「いいっスね！　目をつぶって食べるといいんっス」

なるほど納得！「口中調味《こうちゅうちょうみ》」という日本独特の食べ方文化を最大限生かした、素晴らしい手法だ。目をつぶって視覚情報を遮断することによって、味覚が研ぎ澄まされ、味わうことに集中できるのだ。

そういえば、出張である女子刑務所を訪れたとき、素晴らしい技を見かけた。コッペパンを片手に持ち、その側面に箸をプスプスと等間隔に突き刺して切り取り線を入れ、そこからパカッときれいに割って、サンド用のコッペパンにして具を挟んでいた。見た目などどうでもいい男子に比べて、女子は美しく食べたいのだと感じた。

生徒も受刑者も大好き「いかフライレモン風味」

刑務所で働き始め、私が初めて新しく取り入れたのがこのメニューだった。実は前職の学校栄養士時代の給食からのパクリである。学校では材料にみりんも入れていたが、すでに説明したように刑務所では使えない。そんな事情から、刑務所用にレシピをアレンジしなければならなかった。

ちなみに学校給食でのメニュー名は、「イカフライのレモン煮」だった。少しだけ表現を変えたのは、パクリという後ろめたさと、「煮」と言いながら実際には揚げてからタレをかけているので、「煮てないだろっ！」というつまらない反抗心から「煮」を「風味」に置き換えたのだ。ちなみにレモンだって業務用のレモン果汁を使っているため、果汁はわずか10パーセントのなんちゃってレモンである。だから、レモンといいながら実はあまりレモンではない「レモン風味」という表現がちょうどよいのだ。

さて、この「イカフライのレモン煮」は西尾市の学校給食が始まりで、愛知県内では何度もテレビで取材されているほど有名。同市内の学校給食でダントツ1位の人気を誇る。これが出る日は出席率がよい、と噂されるほど生徒を引き寄せるのだ。なんでも過去には、給食時間の前に不良グループが配膳室《はいぜん》に忍び込み、盗み食いしたという事件が発生したらしい。それ以来、配膳室は施錠されるようになったと聞いている（刑務所と同じじゃんか……）。

まぁ、それほどまでに人気ということなのだ。地元にはお惣菜として売る店があったり、居酒屋メニューにもなったりしている。

当時、中学2年生の学年主任だった田岡先生は、スリムなのに給食はいつも男子顔負けに大盛ご飯を食べるのが印象的だった。問題生徒が教室外でたむろしていると連絡を受けると、

「行くよ！」

と、複数の男性教師を引き連れて職員室を颯爽《さっそう》と出ていく姿は、頼れる姉御という感じだった。

給食にイカフライのレモン煮が出た日は、不登校だったアイコちゃんに電話をかけ、

「今日はあんたの好きなイカフライのレモン煮だよ。給食食べにおいでよ」

と声をかけていた。田岡先生曰く、

「あの子たち、家にいても食べるものもないのよ。給食だけでも食べに来てくれたらいいのに」

なんて言っていた。

その頃の私は、「家に食べるものがない」ということが理解できなかった。虐待とかネグレクトといった家庭の存在など、自分の身近にあるとは思っていなかったからだ。私にしてみたら、不登校で給食費も払っていない生徒らがきまぐれで教室に来て

給食を食べるたびに、欠席者のいるクラスを探して1食分を用意したり、給食費をカウントして請求したりといった余計な仕事が増えるだけで、ウンザリだった。結局、私はアイコちゃんとは一度も会う機会がないまま小学校に異動となり、さらに刑務所に転職してしまった。

刑務所に勤務して数年経ったある日、たまたま自宅でテレビを見ていたら、交通事故死のニュースが流れた。亡くなったのは、あのアイコちゃんだった。20歳くらいだっただろうか。それ以来、炊場《すいじょう》でいかフライレモン風味を見るたびに、田岡先生と会ったこともないアイコちゃんを思い出す。

梅川君は、いかフライレモン風味が一番好きだと言っていた。

「僕だけじゃないですよ。娑婆《しゃば》に出たら自分で作れるようにって、レシピを覚えて書き留める人もいるくらいですから」

彼らは炊場のレシピを持ち帰ったり書き留めたりすることができない。それはルール違反になる。だから、分量や手順を暗記し、部屋に帰ってからの自由時間にノートに書き留めるのだろう。そこまでして作りたいと思ってくれるなんて栄養士冥利《みょうり》に尽きるじゃないか！と、パクリメニューでもうれしかった。

彼の仮釈放が近いことは髪の伸び具合でわかった。卒業が近くなると、髪を伸ばすことができるからだ。それに、炊場から外され、卒業に向けてのカリキュラムが始まるため、彼と会える機会はもう少ないことを示していた。

「もうすぐ『いかフライレモン風味』が出るかなあ……」

とつぶやくと、彼はこう言ってほほ笑んだ。

「マジっすか？　ちょっとしたクリスマスプレゼントですね」

季節は12月に入った頃だったと思う。その程度で喜んでくれるなんて、私もうれしくなってつられて笑ってしまった。

娑婆にはもっとおいしいものがある。ここを出たらいくらでも自由に食べられる。刑務所での生活なんて彼らにとっては黒歴史だろうし、ましてやムショメシなんて思い出したくもないだろう。そう思っていたけど、違うのかも……。刑務所生活の中でも数少ないよい思い出として、彼らの印象に残るような給食を出したいと思った。

あえて煮崩れさせるのがコツ「ピーナツ煮」

〝ご飯大好き男子〟の尾藤君がうちに来たときは、完全な肥満体型だったのは前述のとおり（47ページ参照）。だが、彼が来て2、3カ月経った頃だろうか……。「あれ？」と思って彼に尋ねた。ぽっちゃりしていた彼が、いつの間にかシュッとしていたからだ。

「ねぇ、尾藤君ってもっとぽっちゃりしてたよね？」

「俺、昔はスゲェ太ってたっスよ」

「健康的でいいね。しかも、カッコよくなってよかったじゃん」

そう言うと彼はちょっと照れ笑いした。

これは「刑務所あるある」だ。警察の留置場や裁判中にいる拘置所では部屋に拘束されているだけで、かなり暇をもて余すらしい。お菓子や弁当を買うことができるので、多くの人はこれから始まる刑務所暮らしを前に食べまくるらしい。そして丸々と太って刑務所に来る。冬眠前のクマかよ！と言いたくなる。しかし、刑務所では飲み食いが自由にできなくなり、規則正しい生活や刑務作業がある。おのずと体重は適正になっていく。

尾藤君は明らかに肥満だったが、炊場の激務（？）のおかげか、するすると体重が減っていき、普通体型になったのだ。服役中に標準体重になる受刑者は多く、30キロ痩せて出ていく者も少なくない。それだけ規則正しい生活と食事、暴飲暴食もタバコや酒もない生活がよいという証明である。今、全国的に刑務所は空き部屋が多い。一部を使って体験入所でも行えば、刑務所ダイエットとして人気が出るのではないかと思う。そもそも、私が入所すべきかもしれない（笑）。

さて、本題に戻そう。そんな尾藤君は調理係になり、調理を行うようになった。ピーナツ煮は当所でも昔からある人気メニューだ（直近の嗜好調査ではややランクダウンしたが）。最初は、「何、これ？」と感じた。マカロニの入った肉じゃがとでもいおうか。味の決め手は、意外にも市販のピーナツ和《あ》えの素である。

あるとき、でき上がったピーナツ煮を見て「失敗作だな」と感じた。じゃがいもがかなり煮崩れしていたのだ。誰が作ったのか確認すると、尾藤君だという。まあ、料理経験のない子だから仕方ないなと思った。じゃがいもは土日など人手の少ないときには皮むきの手間がない業務用の冷凍じゃがいもを使う。冷凍だと、さらに煮崩れしやすいのだ。しかし、その日は冷凍ではなかった。単に尾藤君の作り方が下手くそだったのだろう。

またしばらくして、前回と同様に煮崩れぎみのピーナツ煮ができていた。今度は本人に注意しようと炊場へ行った。

「尾藤君、ピーナツ煮はじゃがいもが煮崩れしないように仕上げて！」

そう言ったのだが、意外な答えが返ってきた。

「先生、このくらいの煮崩れ加減のほうが味がしみて旨いっスよ。煮崩れちゃったんじゃなくて、あえてこの感じに仕上げたんっスよ」

目からウロコの私。彼の眼差しは真剣で、心からそう思っているのがわかった。

「え？　そうなの？　まぁ、実際食べるのは君たちなんだし、君たちがおいしいっていうならそれでいいか……」

ただ何となく作っているだけじゃなくて、工夫しているんだと思うとうれしかった。味見など許されない彼らが自分たちで判断できる水分の調節と火加減というごく限られた許容範囲で、工夫して仕上げたというのがスゴイところなのだ。

しかし、ここでちょっとめんどうくさいなぁと思ってしまったことがある。彼らが作るときの献立カードを、書き直す必要があるかもと気になったのだ。少し煮崩れた状態が正しい仕上がりであるということを明記しないと、

「煮崩れているじゃないか！　失敗だろ！」

と、刑務官によっては怒られてしまう可能性があるのだ。刑務所ってホントにめんどうくさい。この崩れ加減をどう文章で表現すればよいのだろうか。う〜ん、どうしようと思いながらあえて放置したままになっている。

尾藤君は炊場の仕事がおもしろいと言っていた。ほかの工場と違って、毎日作るものが異なり、自分たちで工夫したり考えたりする余地がある。毎日同じものを扱い、同じ作業をするのと違ってやりがいがあるのだという。そんな意見もなんかうれしい。

ところで、受刑者の彼らは妙に味覚や嗅覚《きゅうかく》が敏感だ。ここでは酒やタバコ、はたまたクスリなどの影響がなくなるからではないかと、推測している。行事で缶コーヒーを出したときは、夜中に眠れないという訴えが続出したり、洋菓子のフレーバー程度に使われる洋酒でさえも酔ったようになってしまったりすると聞く。

さきほどのピーナツ煮の味の決め手は、市販のピーナツ和えの素だ。彼らの食費は

税金で賄《まかな》われており、食材の多くは入札により選定されている。そのため、価格次第でメーカーが半期ごとに変わる場合もある。

あるとき、沢畑君がこう言ってきた。

「先生、ピーナツ和えの素ってメーカー変わったじゃないですか。やっぱ三島のピーナツ和えの素のが旨いっスよ」

「そんなに違う？」

と聞き返すと、

「俺たち敏感ですから！」

と笑った。確かにそうだ。「刑務所あるある」だが味覚に限らず、彼らはいろんなことに敏感で、職員が彼らを監視するのと同様、いやそれ以上に彼らは職員を見ているから、いろんな変化にすぐ気づくのだ。私が髪を切ったことぐらいはすぐにお見通しだし、もしかするとシャンプーを変えたことにも気づいているかもしれない。

給食施設の栄養士は地味な人が多いといわれる。現場に入ってしまえば汗だくになり、スッピンみたいになるし、帽子を被るから髪だってぺしゃんこになる。オシャレをしても意味がないと思っていると、女子力はどんどん下がっていくのだ。けれども、私だって気分が乗ればばっちりメイクする日だってある。

そんな日も彼らはすぐに気づくのだろう。受刑者たちもオシャレしたい年頃の男子なのだ。それにしても、眉毛を整えて怒られた者がいたらしい。私が知らないルールってたくさんあるんだな。鼻毛も自由に手入れできないそうだ。かわいそうに。

おいしくて腹もちバツグン「日替わりドーナツ」

刑務所の中で、一番の重労働かつ頭脳も必要なのが炊場勤務だ。確かに夏は40度近くの熱帯雨林、冬は冷蔵庫並みの室温になる中での立ち仕事である。20キロや30キロある食材や食器を運んだり、冷たい水で洗い物をしたりしなければならない。唯一365日稼働している工場のため、交替勤務だし、朝食を作る早出の場合は早朝5時台の起床だ。

そんな炊場で働く受刑者の特典であり、楽しみが「延長作業食」である。労働時間10時間以上になる場合に給与されるのが延長作業食、つまり残業のおやつなのだ。

炊場を担当している大林刑務官はちょっとやんちゃなタイプで、威勢のいい彼の怒号は事務所にも聞こえてくることがあった。

「最近ミスが多すぎるんで、炊場で発破《はっぱ》かけてやりましたわ」

などと報告してくる。刑務官は大勢の前では威勢よく振る舞うが、対個人の場合は異なる顔を見せる場合もある。彼もそうで、多くの刑務官は、いや刑務官に限らず刑務所職員はツンデレなのだ。彼もちょっとしたミスでも、というかちょっとしたミスだからこそ厳しい口調で指導し、その分、別のところでフォローしてバランスを取っているのだろう。

そんな彼が私を呼び止めて、こう懇願してきた。

「栄養士さん、相談があるんです。俺、もっといい延長作業食を食わしてやりたいんですよ。みんな結構がんばってるんで、協力してもらえませんか」

ですって。そりゃあ、協力しますとも！

延長作業食は炊場勤務者の唯一の特権であり、モチベーションにつながるため、なるべく本人たちが満足するものを出してやりたいと言うのだ。かくして、延長作業食を見直すことになった。しかし、予算は1人あたり40円と厳しい。それまでは、市販のホットケーキミックスを使ってドーナツやホットケーキを作っていた。ミックス粉を自家製ブレンドにしたらどうかと試算してみたところ、どうやら安くできそうなことがわかった。いろんなミックス粉のレシピを検索し、試行錯誤《しこうさくご》の末にでき上がったのが岡崎医療刑務所の名を冠した「岡医《おかい》ミックス粉」である。そのミックス粉のおかげでドーナツは飛躍的に大きくなり、炊場受刑者たちから絶賛されるようになった。

　そうはいっても、毎日ドーナツでは飽きてしまう。そこで曜日によって、トッピングの内容で変化をもたせて日替わりドーナツにした。あるときはジャムを塗り、あるときは生地にきな粉を混ぜてはちみつをかけ、またあるときは粒あんをのせる……。ホントに彼らはあんこ好きだ。

　あんこも既製品を購入するのではなく、小豆から煮ることにした。鍋で煮ると、1人がつきっきりになり時間がかかる。そのため、放っておいてもできるように炊飯器を活用することにした。当所のような規模の小さい施設なら、家庭の主婦の知恵が役立つ。水に浸けて一晩置いた小豆を炊飯器に入れて、通常の炊飯モードでスイッチオン！　煮上がったら軽くつぶし、砂糖を混ぜるだけ。安心安全に粒あんができ上がる。

「炊飯器であんこができるんですか？」

と彼らは驚いていた。このあたりから、彼らの私に対する評価がグンと上がった気がする。炊飯器レシピなんて検索すればいくらでも出てくるが、彼らはもちろん知らない。

延長作業食は各施設によってさまざまだ。40円という予算から市販品では駄菓子程度のものしか購入できない。スナック菓子ならレギュラーサイズではなく、小袋になってしまう。それに比べて、うちのドーナツは40円でミスタードーナツなら2個分の大きさがあり、さらにトッピングがついてくるとなれば、腹もちもよく大満足のおやつになる。

刑務所の夕食は午後5時には食べ終わってしまう。それから翌朝までの時間が長く、刑務所生活が浅いうちは空腹で寝られない者もいると聞く。しかし、このドーナツがあれば、腹もちもよく翌朝までぐっすり眠れるようだ。一般的に高カロリーな菓子に分類されるドーナツは、どちらかというと健康的とはいえない。だが、ここ刑務所では労働へのモチベーションと心の健康の維持にひと役買ってくれている。

失敗から生まれた「獄旨ドーナツ」

「ほかの工場のヤツから、俺たちのドーナツがうらやましがられるっスよ」

という話を耳にした。

昼食後の運動時間は、ほかの工場の受刑者らと会って話すこともできる（コロナ以降はほかの工場受刑者と話す機会はほとんどなくなってしまったそうだ）。彼らが常に欲しているのは情報だ。炊場の担当であれば、ほかの工場のメンバーよりも早くメニューを知ることができるし、行事食やお菓子などの情報ももっている。それを自慢げに話すことで、ある種の優越感に浸ることもあるのだろう。

当然、延長作業食のドーナツについてもさっそく話したに違いない。それならば、炊場のメンツだけでなく、全員に出してあげたくなる。給食のデザートとして出せばいいのだ。その場合は、40円という予算に縛られずに済むため、卵や牛乳も使えるし、もっとおいしくできる。ただし、それを大量に作るとなると、どうしたらいいのだろうか。時間内にできるだろうか。クリアしなければならない作業工程上の課題は多い。

こうして、ドーナツ作戦の幕が上がった。

料理と違って、お菓子の場合は緊張する。大量調理は、4人分のレシピを単純に30倍すれば120人分ができるという単純なものではない。水分量や加熱具合等によって仕上がりは変わってくる。大量すぎて自宅で試作なんてできない。そのため、料理の場合は30倍の材料を用意するものの、水加減や調味料は調理しながら様子を見て味見をし、経験と勘で加減しながら整えていくしかない。早い話がぶっつけ本番というわけだ。最終的に使った調味料を人員数で割り、あとから1人分のデータを出している。

しかし、お菓子の場合は味見をしながら整えることが難しい。例えば、ケーキなら甘味が足りないからといってあとからスポンジに砂糖を足すことはできないし、砂糖には甘味だけではなく、スポンジのふくらみやしっとり感などに影響する科学的な役割がある。そのため、お菓子の場合は、素人判断で材料の量を増やしたり減らしたりすれば失敗につながりやすくなる。材料の計量には正確性が求められるが、自宅で4人分試作するのと炊場で120人分作るのとでは、誤差が生じるため勝手が違う。

120人分ともなると、少しだけ余った牛乳を使い切りたいから少しだけ小麦粉を足すなど、最終的にはこれまた経験と勘で扱いやすい生地に仕上げなければならないのだ。それでもやっぱり全員にドーナツを出したい。自宅で何度も試作して、給食に出す日も決まった。

いよいよ、給食にドーナツを出す日がやってきた。延長作業食のドーナツと違って、卵と牛乳が入っている。そしてバターまで。なんて贅沢《ぜいたく》な！　といっても、40円よりもうんと少ない予算でレシピができた。いつもと違うドーナツに当日のドーナツ部隊は明らかにワクワクしていたし、協力的だった。

大きなボウルに卵や牛乳を入れていき、おからを加える。おからを加えるのはかさ増しが目的だが、おからでたんぱく質やカルシウム、食物繊維がアップするから栄養価も改善する。単純にドーナツだと嗜好品的な要素が強い。しかし、そこは管理栄養士としての意地というかこだわりがあって、なんとか栄養的な価値も上げて、ドーナツを給食に出す意味を正当化したい。そのための、おからでかさ増し作戦なのだ。

しかもおからは安いとあって、利用しない手はない。最後に岡医ミックス粉をふるいながら加えて生地をまとめる。生地を分割する際、うちの刑務所では目分量ではなく極力1人分を平等にするために計量する。ここに結構、時間がかかってしまう。しかし、その日は手のあいた者が次々に集まってきて、１人分ずつに分けられた生地を丸めるのに協力してくれた。

あとは揚げるだけ。ひと安心と思ったときに、川口君が声をかけてきた。

「先生、これって何ですか」

「うっ……」

それを見た瞬間、泣きそうになってしまった。彼が指さした鍋には、ドーナツ生地に加えるために冷ましておいた溶かしバターが入っていた。そう！　入れ忘れたのだ。しかし、せっかく分けた生地をボウルでひとまとめにしてバターを練り込み、また計量分割する時間はなく、このままバター抜きのドーナツを作るしかない。

それを彼に説明した。

「川口君……、私、ショックなんだけど……」

「先生、ボクもショックですよ……」

その日のドーナツは味が勝負！と、意気込んでいた。そのため、限られた調理時間からドーナツ形に成形する手間は省くことにして、片手でぎゅっと握った棒状で揚げると決めていた。見た目はイマイチだけど味はいいはずだから！と思って計画したのに……。でき上がったドーナツは予想通りしっとり感がなく、パサパサで美味しくなかった。

しかも、見た目がうんこなのだ。誰も言わないけど、みんなそう思っているに違いない……なんて卑屈になってしまう。私の頭の中は、うんこドーナツという言葉でいっぱいになり、涙目になり、呆然としてしまった。せっかくみんなが楽しみにしていたのに。せっかくみんなが協力してくれたのに。いろんな思いがこみ上げてきて、その場から逃げたくなった。

すると、そこに近づいてきた、さわやかイケメンの宇井君。

「先生、気にしなくていいですよ」

なんて言うじゃないの！　優しい言葉に、いやぁ、もう心の中では涙腺崩壊……。心の中で彼を抱きしめた。実際にやったら婆婆ならセクハラだし、ここなら通報される？　非常ベルを鳴らされる？　でも、それくらい彼のひと言は私をどん底から救ってくれた。そこからドーナツのリベンジに燃えるようになったのは、言うまでもない。

幸いなことに近年、受刑者の人数がどんどん減ってきている。このことは当所に限ったことではなく、全国的な傾向だ。そのおかげで、何度かドーナツチャレンジをした頃には生地を分割する手間が減っていて、ドーナツ形に成形する時間も取れるようになった。また、担当刑務官と相談して、生地の仕込みを午前中から行うことにした。

そして何度か作るうちに、扱いやすい生地の状態がわかるようになり、安全で効率のよい成形の仕方や揚げ方も摑《つか》めてきた。どの新メニューでも同様だが慣れてきたら定番扱いに変えて、私が調理に立ち会うことなく、彼らに任せるようにしている。

でも、このドーナツだけは今後も立ち会うつもりだ。トッピングを変えたり、生地にココアや抹茶などを加えたり、バリエーションを増やしているので毎回生地の状態が変わるからだ。彼らに任せてもし失敗したら、きっと過去の私のように落ち込んでしまうだろうし、私も後悔すると思うから必ず立ち会うと決めている。

しかし、一番の理由は何といっても私自身が一番楽しくてワクワクするからだ。最初の頃のドーナツは、ベタッと油っぽい仕上がりになってしまったこともある。

「先生、俺たちも結構オッサンなんで、油っこいと胸やけします」

などと愚痴《ぐち》られながら、改善を重ねてきた。おかげで今では100個でも、手際よくスムーズに作れるようになった。

そうは言ってもただでさえ熱帯雨林な炊場での揚げ物調理は、夏は暑くて地獄だ。

監獄の中のさらに地獄の環境で完成させたドーナツだから、「獄旨《ごくうま》ドーナツ」と名付けてみた。絶対誰も真似できない唯一無二のドーナツ。インパクトは絶大。しかも説得力のあるネーミングだと思うが、いかがだろうか。ちなみにメニュー表では黒糖ドーナツとか、ハニーレモンドーナツといった無難な表記にしている。お堅い幹部職員からお叱りを受けるのではないかと躊躇《ちゅうちょ》しているからだ。

当初、「獄旨ドーナツ」は私が心の中でそう呼んでいるだけだったが、その後、名古屋矯正管区の情報誌で取り上げられて公式名（？）になった。できることなら商品化して、完璧なドーナツを食べることなく卒業した者たちにも、ぜひ一度、食べてみてほしいものだ。

ひと手間かかっても「うちのから揚げ」が最高！

実のところ、新メニューのネーミングには頭を悩ますところである。刑務所内には漢字が読めなかったり、字が書けなかったりする人も多い。そのため、彼らに渡す書類には、ふりがなを表記してあるものもある。「からあげ」も、「から揚げ」「唐揚げ」「空揚げ」など、漢字表記は何通りか存在するし、わけのわからないネーミングでは相手に伝わらない。理解力の乏しい人なら混乱するかもしれない。

1年前に始めた「うちのから揚げ」も、ダサくて納得していない。自分でも何それ？と思っている。それまでのから揚げは、冷凍食品を揚げたものだった。それを角切りの外国産鶏肉を使って手作りに変えることで安くできる。安くできれば量が増えるため、彼らは喜ぶのだ。

といっても、冷凍だろうが手作りだろうが、から揚げには違いないのだから新しいメニュー名を付ける必要もないようなものだが、同じ名称では区別ができず、混乱を呼ぶのだ。今までのから揚げは副菜として1人に2個、重さにすると約60グラムつけていたが、手作りの「うちのから揚げ」は個数でなく量で配膳することになる。

そのため、各居室棟の配膳係や刑務官らでも、2種類のから揚げを区別できるように表記しなければならない。配分だけに限らず、見た目がいつもと違うことで配膳する現場が混乱したり、確認の連絡が炊場担当に集中したりする可能性がある。

かといって、手作りから揚げなんて書いたら、今までのは冷凍ですよと、わざわざ声高《こわだか》に宣言しているような気がして嫌だ。それで苦し紛れで決めたのが、この「うちのから揚げ」だ。本当は「おうちのから揚げ」にしたかったのだが、男子刑務所では可愛すぎる気がした。「俺んちのから揚げ」でもよかったが、「俺って誰だよ？」と、オレオレ詐欺《さぎ》へのツッコミみたいになるのもどうか。

実際、オレオレ詐欺でここにいる受刑者だっているわけだし、そんなネタを提供するのはいかがなものか。そんなこんなでいろんな可能性を考えると、ためらってしまい、なかなか思い切れなかった。

「先生、『うちのから揚げ』って何ですか？」

案の定、ある幹部職員から尋ねられた。

「バレました？　今までのから揚げと区別して手作りにしたんです。大きさにばらつきがあって個数では配れないので小さい角切りの鶏肉に味付けして、粉つけて揚げてます」

「いやぁ、僕ね、から揚げ大好きで家でもよく作るんですよ。でもね、イマイチうまくできないんですよね。今回のから揚げが旨かったって聞いたから、気になって

……」

「片栗粉派ですか？　それとも小麦粉派？」

「片栗粉ですね」

「まぁ、好みですけど、ここでは片栗粉と小麦粉を1対1で混ぜて使ってます。あと、二度揚げしてます」

「え？　二度揚げですか……。やってみます！」

そう言うと、満足そうに戻って行った。受刑者の前では冷血そうな雰囲気を出しているが、このような会話の最中は優しいパパの顔になっていて、そのギャップにキュンとしてしまう。時々こうして、「○○のレシピください」と頼んでくる刑務官がいる。

「ここの○○が旨いって聞いたんで、気になって……」

なんて、栄養士冥利に尽きる。人気レシピ集を作成したら売れるんじゃないかとさえ思ってしまうのだが、さすがにそれは傲慢《ごうまん》だろうか。

おかげさまで「うちのから揚げ」は好評だった。実は揚げるのにコツがいるし、手間がかかる。しょう油やにんにく等で味付けした親指大の鶏肉に粉をまぶすとくっついてしまい、20個くらいのひと塊になってしまう。揚げ油の中でバラバラにしようとしても、なかなか離れてくれない。

そのため、でっかいかき揚げ天ぷらのようなひと塊をいったん取り出し、手作業でほぐしてから油に戻さないといけない。真ん中あたりは十分に加熱されておらず、半生状態だから食中毒防止のためにも必要な作業だ。もちろん耐熱用手袋を使ってほぐすのだが、手間はかかってしまう。

「大変だからやめましょう」

と音《ね》を上げられる可能性を考えて、お試し的な実施だったのだが、

「旨かったっス。またやってください！」

と言われてしまった。好評だったのはうれしいが、まだ納得できていないネーミングでメニュー表に表記しなければならないと思うと、ひとり気が重いのだ。

年越し「カップ麺」にワクワクウキウキ

どこの刑務所でも、大晦日《おおみそか》はいつもより消灯時間が遅い。私と相方の杉山刑務官は、大晦日は毎年出勤だ。その年最後の生鮮品の納品に立ち会い、材料確認を行うだけな

ので午前中には仕事が終わってしまう。

「じゃあ、また来年ね！」

と、まだ明るい時間に炊場で受刑者たちに声をかけると、

「先生、よいお年を」

と返ってくる。

なんだか娑婆みたいじゃん。刑務所の中ではあるが、なんかほっこりした気持ちになる。大晦日の行事食といえば、年越しそばだ。給食でも年越しそばを出すのだが、なんかしっくりこない。ここで出すそばは、伸びきったかけそばだけで、何ともワクワク感に欠けるのだ。しかし大晦日に限り、カップ麺のそばを出すのが恒例という施設もあるらしい。

よく聞けば、昔は当所でもカップ麺の年越しそばを出していたらしい。しかも、通常の夕食時間ではなく、夕食後から消灯までの時間帯だという。職員が各居室にお湯を配り、自分たちで作る熱々のカップそばは格別に違いない。手元に届いた頃にはすっかり冷めきった麺類しか食べられない彼らが、久しぶりに湯気の出たそばをふうふうしながら食べ、テレビに興じる姿を思い浮かべた。

素晴らしいじゃないか！　いつもは夜の9時に寝なさいと言われているのに、大晦日だけは遅くまで起きてテレビを見るのを許されるなんて、小学生のときのような気分だろう。しかも、カップ麺やお菓子も食べていいなんて、夢のようではないか。大晦日の夜は、やっぱりカップ麺だ！　そう思うようになってから、数年が過ぎてしまった。

カップ麺を出していたのは、かれこれ20年くらい前のことのようだ。その頃のことを知っている職員はすでに少なく、どのような要領で実施していたのかがわからない。いったん途切れてしまった習慣を復活させるのは容易でない。しかも年末年始は職員の配置も少ないし、私自身も午前中しか勤務しない。そのため、大晦日の実施は早くから諦めた。他部署の協力を得るのに幹部職員らの許可を得ないといけないだろうし、許可を得られたとしてもイレギュラーな出来事に不安の声が出ることは明らかだ。

それならば、他部署にお願いしなくても炊場内で完結する方法はないかとあれこれ考え、いいアイデアが浮かんだ。

「多田先生、年越しそばはカップ麺にしたいんだけど……」

しかし、間髪《かんはつ》入れずに、

「カップ麺？　いやぁ、無理無理！」

と、返ってきた。

「夜中にお湯を配るんだろ？　昔はやってたらしいけど、無理！」

「だから、そういう方法じゃなくて……」

「無理無理！」

「……」

初めて提案したとき、彼はそれ以上聞いてくれなかったので、炊場受刑者の吉田君に聞いてみた。彼はもともと調理師免許ももっていて、料理屋さんで働いていたという。

「ねぇ吉田君、こんな方法ならいつもの要領と変わりなくカップ麺を出せると思わない？」

と、彼に説明すると、

「それならいけますよ。みんな喜びますよ！」

そう言われたが、結局その年の年越しそばに採用されることはなかった。

次の年、新しく配属された担当刑務官に提案してみるも、やっぱり同じ反応だった。

吉田君はすでに卒業していたので、今度は坂口君に聞いてみた。

「ねぇ坂口君、いい方法思いついたんだけど、聞いて！」

と言って、ひと通り説明した。

「いいっスね！　大丈夫ですよ！」

「だよねぇ、そう思うよね！　でもさぁ、去年から言ってるんだけどわかってもらえないんだよね……」

なんか、愚痴のようになってしまった。そしてその年も実施されることなく、いつまで経っても伸び伸びの年越しそばしか出せないのが不本意だった。

しかし、年越しカップ麺のチャンスは時季外れに突然やってきた。新型コロナウイルスの蔓延《まんえん》により、令和2年の春ごろから刑務所の給食業務停止が言い渡される施設が出るようになったのだ。その間は非常食で対応したり、弁当を購入したりしなければならない。各施設では災害時に備えて非常食を整備しているが、それだけでは心もとないと思われた。そのため、新たに非常時に出せる食品を追加購入することになったのだ。

これはチャンス！とばかりに、私は、

「課長！　カップ麺買っておきましょう！　今買っておけば、炊場が業務停止になったときに使えます。ちょうど賞味期限内に大晦日になりますから、使わなかった場合はそこで出します！」

と力説。こうして、令和3年夏ごろめでたくカップ麺を購入することができた。一つだけ不満を言えば、そばではなくうどんでの準備だった。そばはアレルギー対象者がいる可能性があるからだ。でもまあ、このことはかなり画期的だった。施設の方針でコロナ禍の非常事態に備えて、カップ麺をすでに購入したので、賞味期限内に使わなければならないという大義名分ができたからだ。

さらに、カップ麺の選定にはちょっとこだわった。どうせ出すなら、誰もが知る有名メーカーのものにしたかったのだ。購入手続きなら任せてくださいと言わんばかりに、相方の杉山刑務官がさっそくカップ麺の賞味期限を調べたり、卸売業者に問い合わせたりしている。彼も心なしかウキウキしている。

目新しい食材が入ると、私は受刑者らに、彼が苦労して買ってくれたのだと、触れ回るようにしている。すると、彼らは口々に、

「さすが先生！　あざっス！」

なんて言うから、彼もうれしいのだろう。どうせなら喜ばれるものを買いたいし、感謝されればうれしいのは誰でも同じだ。

給食のメニューを一般受刑者が知るのは数日前だが、炊場では翌月のメニューを前月の20日ごろには知ることになる。

「先生！　今年の年越しそばはカップ麺なんですか！」

12月の書類を見て気づいた尾藤君が目をキラキラさせて聞いてくる。少女漫画に出てくる主人公のように、目の中に星が三つくらいありそうだ。

「ふふふ。気づいた？　まだナイショ……」

「なんっスか、それ！」

そうやって何日かは詳しく教えず、たっぷり焦《じ》らしておく。自分でも意地悪だとわかっちゃいるけど、やめられない。年越しそばもとい年越しうどんは、大晦日ではなく、令和3年の仕事納めの日、昼食に出すことにした。通常の麺類もいつも昼食時に出すことになっているし、もっとも配置職員が多いのがその理由だ。

カップうどんの手順はこうだ。前日までに外装のフィルムをはがし、フタを開けて粉末スープと七味唐辛子を取り出しておく。納品時の12個入りの段ボール箱は廃棄せずにそのまま使えるようにとっておく。

当日、カップうどんに熱湯を入れたら、通常5分待つところを2分で切り上げ、カップ焼きそばの要領で湯を鍋にあけておく。蒸らしたうどんが入った状態で、カップを先ほどの段ボール箱に詰め直す。ここまでをひたすら流れ作業で行う。鍋にためておいた湯に粉末スープを加えてつゆを完成させ、保温食缶に移す。ゆで麺はカップに入った状態で各食堂に届く。

食堂の配膳係は、いつものうどんと同じように、カップの中につゆを注げばいい。いつもは麺をどんぶりに盛らなければならないところだが、今回はあらかじめ麺はカップに入っているのだから、むしろ通常よりも配膳は楽なはずだ。

なんて画期的な方法！　我ながらすごい！　待つのを2分にしたのは、湯切りしてから彼らが食べるまでに1時間くらいかかり、放置時間が長くなってしまうからだ。このデータを出すために、私が何個カップうどんを食べたことか。このために人生で初めてカップ麺をダース（12個）買いした。実際、私が出したデータは3分だったが、尾藤君が「2分でいいっスよ」と言ったのでそうしてみたのだ。

当日が楽しみ！と、ワクワクしていたが、残念ながらその瞬間に立ち会うことができなかった。父親の急逝《きゅうせい》により忌引《きび》きとなってしまったのだ。葬儀が終わり、慌ただしく過ごしながらもカップうどんのことは気になっていた。なんせ、3年越しの実現だったし、うちでは数十年ぶりかのカップ麺だもの……。歴史的瞬間と言っても過言ではない。そんな中、LINEで杉山刑務官が律儀に報告してくれた。

「年越しうどん、異状なく終了しました！」

もう少しおもしろい報告しろよ！と思ったが、そうだ！　通常なら私と2人で片付ける、年末年始最後の大量納品にてんやわんやだったに違いない。炊場の調理の様子など見ている暇などなかったはずだった。ひとまず彼の報告に安心したが、炊場のメンバーがカップうどんを食べている姿を見たかったなぁ。

のちに吉根刑務官から、当日の様子を詳しく聞いてみた。

通常、新メニューを出す場合はいつも私が立ち会っていたし、私に受刑者2名ほどつけて任せておけば、大丈夫だろうと思っていたそうだ。ところが、当日も不在と聞き、かなり焦ったらしい。そりゃあそうだ。事前に写真付きの詳しいレシピは渡してあったものの、基本的には彼だけでなく私自身も調理作業を仕切るつもりでいたのだから。

朝礼でそのことを受刑者に伝えると、「えっ？？？」と、明らかに動揺が広がるのが感じ取れたらしい。そして腹をくくって彼らに伝えたそうだ。

「いいか。今日の仕事はカップ麺を滞《とどこお》りなく各食堂に届けることだ。それ以外の多少のミスは大目に見る。ここで失敗したら栄養士さんがいないと何もできないと思われるぞ。今回を機にカップ麺がお蔵入りメニューになるか、次回も食べられるかは、今日の出来次第だ。何より！　栄養士さんがお前たちのことを想って、いろいろと準備していたのは知っているだろう。今日一番見たかったであろう栄養士さんのためにも、失敗は許されん！　そのつもりで作業しろ。以上！」

すぐさま、

「はい！」

という威勢のいい返事が炊場に響き渡り、作業に入ったそうだ。受刑者の手前、叱《しっ》咤激励《たげきれい》とばかりに命令したものの、実際、彼は不安だったに違いない。そして炊場受刑者たちも彼の心中は察していただろう。炊場にいた全員がこの訓示によって緊張と不安の中、弔《とむら》い合戦に臨む兵士のような妙な一体感をもっていたはずだ。

おかげで当日のカップ麺は非常に喜ばれたそうだ。受刑者はもちろん、あちこちの職員からも絶賛されたという。炊場の受刑者らも久しぶりの娑婆の味を楽しみながら、吉根刑務官の顔を潰さずに済んだという安堵《あんど》感があったであろう。斬新な取り組みでありながら通常の時間内に調理が間に合い、配食が終わったあとの達成感は職員と受刑者という立場を超えてワンチームになれないと味わえない。

結局、そのまま正月休みに突入したもんだから、私は10日以上も休んだ挙句、正月明けにようやく出勤した。何日か経って配膳の様子を見に行くと、そこに居合わせた大沢刑務官に呼び止められた。

「栄養士さん、年末のカップ麺、あのやり方考えたのってすごいね！」

「でしょう？　ありがとう！　実はね、3年越しで実現したんだ。でもね、当日見られなかったんだよね……。どうだった？」

「そりゃあ、みんな喜んでたよ。娑婆じゃあしょっちゅう食ってたんだろうけど、まさかここで食えるなんて思ってなかったんじゃないか？」

彼は家で料理することもあるようで、過去にレシピをくださいと言われたこともある。筋肉質の身体《からだ》にドスの利《き》いた声、するどい眼光、どこから見ても強面《こわもて》で、敵にしたくないタイプだ。そんな彼だが、元炊場担当だけあって給食に関しては興味津々で、私にはよく声をかけてくれる。彼が担当だった時代もカップ麺は出していないし、そんなイレギュラーな方法、考えたこともなかったのだろう。

「実はね、来月はカップ焼きそばを出すの」

「マジ？　そりゃあ、また楽しみだわ」

そう言って笑う彼は、もちろん受刑者の前ではめちゃくちゃ怖い刑務官として知られている。その半面、面倒見のいいところもあり、慕っている受刑者もいるらしい。

「俺、意外に受刑者からは人気あるんですよ」

なんて教えてくれたこともあった。自分で「意外に」なんて言うから、私も笑ってしまった。

給食にカップ麺を出す栄養士なんて、娑婆では恐らく非常識と言われるに違いない。そもそも、栄養士はカップ麺などのインスタント食品や、いわゆるジャンクフードなど食べない人だと思われている。たまに、職員の待機室にある自販機でカップ麺を買うのだが、

「栄養士さんでもカップ麺食べるんですね」

などと驚かれる。そんなときは、もっともらしく、

「市場調査です」

と返すことにしている。実際は、単純に弁当を忘れたから買うだけなのだが、カップ麺もたまに食べるからおいしく感じるのであって、それが日常化してしまうのはいただけない。今回のカップ麺も、年越しそばという年に一度の特別を味わう食事だからいいのだ。ここではそれが褒められ、絶賛され、盛り上がる。

食事は楽しくなければいけない。というか、楽しくなければそれは食事ではなく、エサだと私は思う。


「花シュウマイ」、おいしくな〜れ!


「ねぇ、泥団子作りって得意?」

「一番得意っス」

桜庭君は、何でも得意だと返事をする。以前、春巻きを作ったときに、

「ねぇ、折り紙得意？」

と聞いたときも、

「一番得意っス」

と笑いながら言っていた。まったく、調子のいい奴だ。さて、今回作るのは花シュウマイだ。豚ひき肉をみじん切りの玉ねぎや調味料と合わせてこねる。それを分割して丸める作業がある。その作業が泥団子作りに似ている。子どもの頃、男の子なら誰でも泥んこ遊びや泥団子作りは経験したのではないだろうか。

玉ねぎのみじん切りは隅田君の役割だ。彼は包丁の扱いにまだ慣れていないようで、横でみじん切りの様子を見ていると、せっかちな私はつい口が出てしまう。

「もう少し速いリズムでテンポよく切ってみようよ」

と言って急かしてしまう。急かすと危ないと思われるが、刑務所では鎖帷子《くさりかたびら》というのか、ステンレスメッシュ製の手袋をはめて包丁を扱うため、ちょっとやそっとではケガをしない。逆に、この手袋のせいで切りにくいのだが、刑務所内のルールだから仕方ない。さらに言えば、包丁だって恐ろしく切れ味が悪く、私ならイライラしてし

まう代物だ。相変わらすリズムの悪い切り方をしている隅田君に、こう提案してみた。

「君のリズムだとアンパンマンなんだよね。がんばってドラえもんを目指そう」

「ドラえもんですか……」

「あ、あ、アンパンマン、や～さしい君は……じゃなくて、こんなこといいな、できたらいいな……って感じ」

と実際に歌ってリズムをとってみせる。

「あぁ、なるほど……」

そうつぶやきながら、隅田君は時折腕を目にやる。玉ねぎで涙が出るからだ。刺青《いれずみ》を入れた厳《いか》つい男が玉ねぎを切って泣いている。なんてギャップ萌えな光景だろう。しかし、笑ってはいけない。

「じゃあ、がんばってね」

と、その場を立ち去る。彼がその後、ドラえもんを口ずさみながら切っていたかもと想像すると、またニヤけてくる。

ひき肉と調味料を合わせてこねるのは、桜庭君と一緒にやった。6キロものひき肉をこねる機会など普通の家庭ではない。こんなときは、やはり男子の腕力が頼もしい。

「冷てぇ……」

　と言いながらひき肉をこねる。使い捨て手袋をしていると、これまたこねにくいのだが、仕方ない。私が調味料を加えていき、大きなボウルを押さえる。隅田君が切った玉ねぎが加わり、さらにこねる。

「先生！　シュウマイの皮はどうするんですか？」

　気を利かせて、西沢君が尋ねてきた。彼はうちのナンバーワンシェフと言われていて、本人もここでの調理に自信をもっている。

「1ミリ幅に切って。あ、乾いたまな板、使ってね」

　そうはいっても1ミリには切れないものだ。目分量はあてにならない。2ミリくらいのものもあったが、まぁよしとした。

　さて、シュウマイ作りも終盤だ。大きなティルティングパンに網をセットして蒸し器に設《しつら》え、湯を沸かしてある。天板にはひき肉のたねを分割して丸め、並べていく。

「隙間なく詰めて置いても大丈夫。縮むから」

　と言うと、

「えぇ？　縮むんですか？」

と、驚くもんだから、こちらが驚いてしまう。縮まない肉があるなら教えてほしいものだ。最後は肉団子の上に細切りにしたシュウマイの皮をのせていく。熱々に沸かしておいた蒸し器に天板を置き、フタをして待つ。

「はい、あとはおいしくできるように祈って！」

そう声かけすると、その場にいた受刑者たちがそれぞれ、

「おいしくな〜れ、おいしくな〜れ」

と素直に小声で唱える。なんて可愛い男子なんだ。

しばらくすると、何とも言えないいい香りが炊場全体に立ち込めてくる。

「すげーいい匂いしてんじゃん！」

「これ、絶対ウマいやつだよね」

彼らの期待はどんどん膨らんでいく。もしかすると隣の洗濯工場にもこの香りは届いているんじゃないか？　食いしん坊男子たち、待ってろよ！　なんて心の中で叫ぶ。

しばらくすると誰かがこう言った。

「先生、なんで『花』シュウマイなんですか」

「ふふっ、見ればわかるよ」

もったいぶって気を引くのは、私の得意技だ。蒸し始めて15分ほど経った。

「フタを開けるよ！」

と声をかけると、また皆が集まってきた。

「蒸気が出るから3秒経ってから覗き込んでよ」

彼らが火傷《やけど》をしないよう注意するのだが、実は私が一番に覗き込みたいからだったりする。フタを開けると蒸気が一斉に立ち上った。一瞬目の前が真っ白で何も見えないが、徐々に視界が開けてくると同時に歓喜の声が上がった。

「おぉ〜！」

「ね！『花』シュウマイの意味がわかったでしょ？」

肉団子の上にのせた細切りの白い皮に火が通って半透明になり、くしゅくしゅっとしている。何の花？と聞かれると答えに迷うが、花と表現するだけの華々しさはある。ふだんは見た目度外視《どがいし》で、量がガッツリあればそれで満足な男子たちも、このときばかりは、見た目が食欲に及ぼす影響を理解してくれただろう。

ふだんはなかなかできないが、たまには見てテンションの上がる料理、いわゆる〝映《ば》え〟を狙った一品も作りたい。

余りものが逸品に「リメイククッキング」

リメイクとは、簡単に言うと作り直すことだ。料理におけるリメイクは主婦であれば自然にやっていることだろう。例えば、カレーがたくさん余れば、翌日はホワイトソースやチーズをのせて焼くカレードリアにするとか、具が少なくなってしまったら、ルウにめんつゆを加えて片栗粉でとろみをつければカレーうどんスープにできる。給食施設の場合は、食中毒予防の観点から、調理したものを後日使い回すようなことはしないが、調理前の食品であれば、思わぬ新メニューができることもある。

たらの切身1人ひと切れを使うチーズ焼きに立ち会ったときのことだ。切身が発注した数より少ないことに気づいた。今から追加発注は間に合わない。事情を話して一部の人たちだけ在庫の食材で間に合わせることもできるが、それでは不平等になり、うまくいかないのが刑務所だ。そこで、たらの切身をひと口大に切り、パン粉やチーズを混ぜて必要な人数分にカップに分け、オーブンで焼いてみた。それが思いのほかお洒落《しゃれ》な一品に仕上がった。結果オーライである。

そうか、数物だと思っているから応用できないのだ。いったん細かくしてしまえば、いろんなものに応用できるじゃないか！　それに気づくと、中途半端な在庫が宝の山に見えてくるから不思議だ。何度もくどいが、刑務所では平等第一だ。半期に一度の入札で落札業者が変更されると、メーカーも規格も変わることがある。

上半期に購入したアジフライが80グラムだったのに、下半期は70グラムになってしまうことがある。そうなると、1回分の数には満たない量のアジフライが使えなくなってしまう。1個単位で購入できればいいが、100個単位でしかできないものもある。80人分必要な場合、100個注文するから20個在庫になる。これが何種類もたまってくると、冷凍庫の結構なスペースを占めてしまうし、在庫数の把握も難しい。家庭と同じで、冷凍庫の奥底からコレ何だっけ？と思うようなものが出現するのだ。

あるときはイワシの梅しそフライが余っていた。発注単位が大きくて在庫を増やしてしまうため、同じものの購入を断念した。そこで普通のイワシフライを混ぜ合わせて、以前のチーズ焼きと同じようにしてみた。今回は揚げ物のリメイクだ。

まずは梅しそフライと、普通のフライをいったんいつも通り揚げる。そのあと、尾の部分を取り除き、私と前田君が手でひと口大にほぐす。少し冷ましたつもりでも、揚げたばかりのフライは熱くて、使い捨てのペラペラの手袋では役に立たないと感じるくらい熱い。ほぐしながら前田君が言った。

「先生、ここのメシはうまいっスよ」

「当たり前じゃん！　私がいるから（笑）」

そう答えると、彼も笑った。

「拘置所では何がそんなにまずかったわけ？」

「う〜ん、そうですね。例えば……、から揚げなんて、カラッカラなんですよ」

「え？　どういう意味？」

「揚げすぎです。この前の『うちのから揚げ』みたいなジューシーさがないんです」

「パサパサってこと？」

「いやぁ、それを通り越してカラッカラなんですよ。お皿に落とすとカランカランって音がします」

そう言って、お皿の上15センチくらいのところから、から揚げを落とすようなジェスチャーで説明する。

まぁ、無理もない。給食調理では食中毒予防のためにしっかり加熱しなければならない。中心温度計を使って揚げ物に差し込み、75度以上で、1分間継続を確認しなければならない。1分間待てないためにとにかく温度が高ければいいと、加熱しすぎてしまう傾向がある。そのために水分が抜けすぎてカラッカラになってしまうのだろう。

カランカランという擬音語がツボにハマってしばらく笑い転げそうだったが、刑務所内でゲラゲラ笑うわけにはいかないため、表情を見られないように下を向いた。

「ところで先生……」

そんなことを話しているうちに、イワシをほぐす作業が終わった。

「なんだかコレ、猫のエサみたいですね……」

一瞬黙ってしまった私……、反論したい意思とは裏腹に、

「ホントだね……」

口から出たのは、肯定の言葉。確かに見た目が猫缶そっくりだ。これから青しそ粉を振ってチーズをのせて焼くところなのだが、見てくれは悪い。

「じゃあ、この調理法は名付けて猫のエサ作戦か……」

「そうっスね（笑）」

「でもさぁ、なんかもうちょっと可愛らしい名前にしたいわ」

「そうっスね（笑）」

「にゃんこ作戦ってどうよ？」

「いいっスね！」

そのあと、猫のエサのようなイワシフライをカップに分け、オーブンで焼いた。猫のエサは見事にお洒落な一品に生まれ変わったのだ。

「見て！　前田君！　にゃんこ作戦大成功じゃない？」

「先生！　やりましたね！」

何だろう、この達成感は。どうやらお金をかけずにあるもので一品を生み出すことに、私のドーパミンは反応するらしい。

そういえばお菓子のときもそうだった。ここで初めてのリメイククッキングはパンプディングだった。パンプディングは、厳密に決まったレシピがあるわけではなく、欧米の一般家庭で作られるお菓子の一つだ。溶いた卵と牛乳、砂糖を加えた卵液の中にパンを入れて浸し、焼く。

フレンチトーストと材料は同じなので、味は似ている。しいて区別するならば、パンプディングはカスタードプリン寄りのお菓子で、フレンチトーストはトースト寄りのお菓子だ。災害時用の非常食として購入した缶入りのパンが中途半端に余ってしまった。これをリメイクして出したくて、パンプディングを作ることにしたのだ。

欧米でもパンプディングはわざわざ作るお菓子というより、余って固くなったパンのリメイクとして重宝されている家庭のおやつだ。私も娘たちが幼かった頃は食パンの耳を残すので、それを使って何度か作ったことがある。バナナなどのフルーツを加えたり、牛乳にココアを溶かしたり、いろんなアレンジもできる。

パンプディングは在庫処分メニューだから、1回ぽっきりの幻のメニューになることが確実なため、私が1人で作った。卵液を作り、缶から取り出したパンをひと口大にちぎって浸していく。それをバットに流してオーブンで焼く。

焼き上がりを待っている間に気づいた。深いバットに流したもんだから、生地の厚さが5センチくらいになってしまった。そのおかげで焼き時間がやたら長くて、1時間近くもオーブンの前で焼き上がり具合を見たり温度を加減したりしなければならない。せっかちな私には苦行だ。天板に流せる2センチくらいの厚さにしておけばよかったなぁ、などと考えながら焼く。

焼けたら焼けたで、ある程度冷めないとうまく切ることができない。ここでまた後悔する。もっと薄く焼いていたら早く冷めたし、とっとと切って事務所に戻れたのに……。家庭で作るなら混ぜて焼くだけなのに、なんだかんだ午前中から準備をして、切り分けまで半日を使ってしまったことに腹立たしくなりながら事務所に戻った。

「先生！　パンプディング！　めっちゃウマかったっス！」

翌日、炊場に入るなり彼らに言われた。あれ？　今回のデザートについては誰も尋ねてこなかったため、彼らの期待値はイマイチな気がしたのだが、それは単にどんなものができるのかまったく想像ができなかったからのようだ。卵、牛乳、砂糖、パンを混ぜて焼くんだから想像など簡単かと思ったのだが、違ったらしい。途端にご機嫌になる私も単純だ。

「あら、そう？」

クールを装いつつも、内心はうれしくてドヤ顔だ。

「パンプディングは材料費より、私の人件費のほうが高いんだよね。もう、やらん！」

なんて言いつつ、次はどんなパンプディングにしようか考えるのは楽しい。天邪鬼《あまのじゃく》なのだ。

RECIPE 5

いかフライレモン風味

材料（4～6個分）

- 冷凍いかフライ（50g）……4～6個
- 揚げ油……適量

A	砂糖	大さじ2
	しょう油	小さじ2
	水	大さじ1
	レモン汁	小さじ2

作り方

1 Aを混ぜ合わせてから砂糖が溶けるように電子レンジに10秒ほどかける。

2 いかフライは色よく揚げ、熱いうちに1をかける。

MEMO

冷めてもおいしいので、お弁当にぴったりです。白身フライに変えてもおいしくできます。レモンだれは多めに作っておいても便利。

RECIPE 6

ピーナツ煮

材料（3 ～ 4人分）

・豚こま切れ肉……150g
・マカロニ……30g
・じゃがいも……2個
・にんじん……1/3本
・玉ねぎ……1個
・キャベツ……2 ～ 3枚
・サラダ油……適量
・ピーナツ和えの素…大さじ2
・しょう油……大さじ1と1/2

作り方

1 マカロニは固めにゆでてザルに上げる。
じゃがいもとにんじんは皮をむき、
ひと口大と厚さ1センチの
いちょう切りにする。
玉ねぎは半分に切り1センチ幅、
キャベツは食べやすい大きさに切る。

2 鍋にサラダ油を熱し、
ひと口大に切った豚肉を炒める。

3 2にじゃがいも、にんじん、玉ねぎを
入れて炒め、ひたひたまで水を加える。

4 アクを取りながら煮て、
沸騰したらキャベツも加える。

5 材料がやわらかくなったらピーナツ和え
の素としょう油を加えて煮る。

6 マカロニを入れ、ひと煮立ちさせる。

MEMO

味の決め手はピーナツ和えの素。炊場メンバーは
じゃがいもの煮崩れた感じが好きなのだそう。

RECIPE

7

獄旨ドーナツ

材料（8個分）

A
- 卵……Mサイズ1個
- 砂糖……大さじ2
- 溶かしバター……15g
- 牛乳……大さじ2 ～ 3

B
- 小麦粉……140g
- 砂糖……45g
- 片栗粉……8g
- 塩……1g
- ベーキングパウダー……6g

・おから……60～80g

・揚げ油……適量

・トッピングはお好みで（粉砂糖・きな粉・ココアなど）

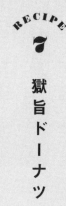

作り方

1 ボウルにAを入れ、泡立て器で混ぜる。
2 おからを加えたらゴムベラで混ぜる。
3 Bを2のボウルにふるいながら加えて全体をさっくり混ぜ、そぼろ状にする。多少粉っぽいかな……くらいでちょうどよい。
4 手でひとまとめにしてから8等分にして丸め、クッキングシートの上に置いて軽く上から押さえる。
5 指先にサラダ油（材料外）をつけ、生地の中央に指をさして500円玉くらいの大きさの穴を開けて成形する。
6 揚げ油を180度に熱し、生地を揚げる（3～4分程度）。
7 両面がきつね色になったら取り出して油を切る。
8 好みのトッピングでどうぞ。

MEMO

ぜひ商品化したい自慢の一品。今までにいろんなバリエーションができました。ココアドーナツをはじめ、黒糖きな粉、抹茶、かぼちゃなどなど、季節感を出しています。市販のおからはメーカーによって水分量がかなり異なります。刑務所で使っているおからは比較的水分量が少なめ。水分量の多いおからを使う場合は、牛乳を控えめ、もしくは入れなくてもいいかもしれません。成形しやすい生地にするには水分量がポイント。手でまとめたときにベタつくようなら、小麦粉を加えましょう。

RECIPE 8

スラッピージョー

材料（4人分）

・合いびき肉……200g
・おろしにんにく……大さじ1/2
・玉ねぎ……1個
A ケチャップ……1/2カップ
　ウスターソース…3/4カップ
　砂糖……大さじ1
・ねりからし……大さじ1/2
・こしょう……少々
・パン粉……1/4カップ

作り方

1 玉ねぎは粗みじん切りにする。
2 フライパンにひき肉を入れて加熱し、にんにくと玉ねぎを加えて炒める。
3 玉ねぎが透き通ってきたらAを加えて炒める。
4 ねりからしを少量の水で溶いて加え、こしょう、パン粉も加えて炒める。

MEMO

スラッピージョー（Sloppy Joe）は、だらしないジョー君という意味です。濃い目のミートソースといった感じで、パンに挟んで食べます。ぼろぼろとこぼれやすいため、だらしなく見えがちのようです。アメリカ発祥で、2010年代に日本の給食に登場するようになったそうです。ひき肉は脂肪分が多いので、炒め油を使わず肉の脂で炒めるレシピにしています。冷めるとぽってりしてくるので、でき上がりはドロッとしているくらいがちょうどいいです。

RECIPE 9

おからのサラダ

材料（4人分）

- おから……100g
- ツナ缶……小サイズ1缶
- 玉ねぎ……小サイズ1/2個
- きゅうり……1/3本

A
- だしの素……小さじ1/2
- 合わせ味噌……大さじ1/2
- マヨネーズ……大さじ4～5
- こしょう……少々

作り方

1 玉ねぎは薄くスライスし、きゅうりは厚さ1ミリの輪切りにする。

2 玉ねぎは塩少々（材料外）を振り、5分経ってからさっと洗って水気を絞る。

3 ツナ缶は軽く油を切ってボウルに入れ、おから、玉ねぎ、きゅうりを加えて混ぜる。

4 Aを混ぜ合わせ、3に加えて混ぜる。

MEMO

おからの水分によって仕上がりがパサついたり、逆にべちゃっとしたりします。ぱさつく場合は牛乳（または豆乳）でしっとりさせるとよいでしょう。「おからなんてうまいと思ったことないけど、これは好きです」と言われたことがあります。見た目はポテトサラダですが、ゆでなくていいので楽です。具をハムやベーコン等にアレンジしてもいいですね。

第4章「愛情の安売りはよくないですよ」とたしなめられて

ゼロか百かの「竹ちゃん」

刑務所に勤務していながら、私は受刑者のことをよく知らない。

彼らのフルネームや家族関係、罪名、懲役何年なのかも。それに炊場《すいじょう》以外の場所、つまり居室でどんなことをしているのかも知らない。最初の頃は「怖い」という気持ちがあった。これまで犯罪とは無縁な生活をしてきたし、テレビや新聞で知る犯罪者といわれる人たちは皆、いわゆる荒くれ者で同じ空間にいるだけで恐怖を感じてしまうのではないかと思っていたからだ。自分が安全な場所にいるのであれば、珍しいもの見たさに何をしてここにいるのだろうと興味津々だったかもしれない。

しかし、鉄格子などの隔《へだ》たりのない空間に私と犯罪者の男たちがいる。その事実だけで私には十分で、それ以上は何も知りたくない、関わりたくないのが本音だった。半年くらい経って少し慣れてくると、今度は知りたくなった。なぜあんなに穏やかで癒し系の青年がここにいるのか、なぜあんなに真面目でおとなしい青年がここにいるのか、そんな疑問をもつような受刑者に出会うようになったからだ。

私の業務上、彼らの罪名を知ることはないが、刑務官らの会話でだいたいわかってしまう。わかってしまうと、今度はまた知りたくない、知らなきゃよかったという気持ちになる。変な先入観をもちたくないのだ。

なぜ、そう思うようになったのかを考えてみた。一つに私はすでに彼らと炊場で何度も会話をしていて、それなりに人となりがわかっているからだ。そうは言っても、彼らが私に見せるのは、ほんの一部だ。刑務官のように彼らを四六時中見ているわけではないのだから。そのため、立場が違えば見方も異なる。私が、あの子はテキパキして仕事もできるしムードメーカーだと思っていても、いやアイツは裏ではこんなことを言っていて信用できないと、刑務官は評価することもあるのだ。

しかし、それはどんな社会でもよくあることで、家族にも友人にも会社の同僚にも、すべてをさらけ出している人などいないだろう。そう考えると、本当に裏表のない人なんているのだろうかと思う。

もう一つの理由は、彼らの罪名は私の仕事に一切関係ないと気づいたからだ。私が興味をもつのは、彼らが何をしてきたかという職歴ではなく、何を食べて育ったのかという食歴のほうだからだ。

方言丸出しで話す竹田君と初めて会ったときのことは、印象深くてよく覚えている。炊場に配属されると、刑務官から炊場での決まりや仕事、道具の扱い方など説明を受ける。ひと通りの説明を聞き終えた彼が、食堂に1人座っていたので私から話しかけた。

「今度の新人さん？　よろしくね」

そう挨拶すると、

「はい、よろしくお願いします」

と、姿勢よく背中をピンと伸ばして私をまっすぐに見上げ、人懐《ひとなつ》っこそうな愛想のいい表情を浮かべた。この段階ではまだ緊張してうつむき、背中を丸めて不安げな表情をしている者が多いのだが、彼は堂々としているというか、肝が据わっているというか、まるで新しい環境にワクワクしているようにさえ見えた。

ついでにもうひと言、

「もしかして君は、わりとオープンな性格なのかな？」

私がそう指をさすと、彼は慌ててズボンのファスナーを閉めた。

「おいおい、そんな奴、今までおらんぞ」

ちょうど休憩時間に入り、炊場受刑者も集まってきたところだったため、誰かがそう言い、どっと笑いが起こった。

スポーツが得意な竹田君は筋骨隆々《きんこつりゅうりゅう》だったというが、ここに来てからかなり筋肉が落ちてしまったという。それでも長身でなかなかのマッチョらしい体格は、ダボッとした作業着を着ていてもなんとなくわかる。そういえば、どこかほかの施設の〝筋肉好き〟栄養士が、

「私が彼らの筋肉を作ってると思うと、モチベーションが上がる！」

などと、まるで闘牛でも育てているかのような口ぶりに笑ったことを思い出した。

確かに、刑務所内では栄養士作成のメニューしか食べていない。たまにお菓子があるといっても娑婆《しゃば》に比べたらないに等しいのだから、当たらずとも遠からずだ。

炊場に配属されてからしばらく経ったものの、まだ不慣れだった竹田君は、あるとき、私に向かって、

「冷蔵庫入ります！」

と言って、万歳の格好をした。万歳は検身のためで、刑務官が彼らの身体《からだ》を衣服の上から触って、何か隠し持っていないかといった不正をチェックするのだ。この場合、

彼の言葉は「冷蔵庫に入りたいので、チェックをお願いします」という意味になる。

私は公安職つまり刑務官ではないため検身などできないし、今までに受刑者からそんなことをお願いされたことはない。先輩受刑者の振る舞いを見ていたらわかると思うのだが、彼は鈍感なのか、何も考えていないのか、なんだろう……。ここは刑務所の中だ。急に目の前の大男に両手を挙げて立ちふさがられたら怖いし、傍から見てもヤバい状況に見えると思うのだが……。

「私、それできないから！」

そう慌てて断ると、彼はきょとんとして、

「え？　そうなんっスか？」

なんて言っている。ちょっと抜けているようだ。彼の自慢の筋肉を確認してみたい気もしたが、彼らの身体に触れる権利がなくて残念だった。そんな竹田君は力があり余っているのか、ただ不器用なのか、力の加減が下手で、繊細な作業が苦手だった。

「力任せに混ぜればいいってもんじゃないの！　材料が潰れるでしょ！」

「均等に分けてって言ったでしょ。下手くそ！」

私の口調がどんどん強く荒っぽくなってくる。

「すみません、竹ちゃん、ゼロか百なんで……」

そんなとき、自分のことを竹ちゃんという彼は、大きな身体を小さく丸めて、全身で申し訳なさそうにする。だが、根っからの楽天家でおおらかな竹ちゃんは不器用でも、炊場の作業が楽しいようだ。友達と手紙を交わすことが多いそうで、肉じゃがを作れるようになったとか、野菜炒めができたとか自慢しているらしい。

「お前が料理できるようになったの？って、驚かれるんです」

なんて、うれしそうに笑っていた。

あるとき、彼とこんな会話になった。

「先生、この前の花シュウマイ、めっちゃ旨かったっス」

「そぉ？　みんな協力してくれたし、がんばったもん！」

「俺、その日炊場作業休みだったから、部屋で食って感動しました。ひと口で食べてしまいました」

「ちゃんと味わって食べなさいよ！　愛情たっぷり入れたんだから！」

するとと竹ちゃんは神妙な顔をして、少し間を置き意外な答えを返してきた。

「先生、愛情の安売りはよくないっスよ」

「え？　何それ？　愛情入れすぎだったかなぁ」

「みんながつけ上がりますから」

「わかった。これからは愛情控えめにするわ。それと、ひと口禁止ね」

それ以来、愛情たっぷり入れるのはやめた。「愛情は隠し味程度に入れておきました」とか、「私は愛情一切入れてません！　代わりにA君とB君が入れてくれました」などと言って、彼らの反応を楽しんでいる。

こっそり愛情1グラムなんて、献立カードの調味料の欄に書き込みたい衝動に駆られるが、混乱するだろうからやめておく。

容器ひび割れ事件、宇井君の無罪確定

「先生、お願いしますよ～」

と、半分笑いながら半分呆《あき》れた感じで、宇井君がぼやいた。休日明けの月曜日に出勤し、いつものように炊場に入った途端、彼に怒られたのだ。

宇井君は、色白で長身だが、ここに来る前は20キロほど太っていたと聞いた。そんな面影を感じさせないスラッとした体格の好青年だ。なんでも金曜日に搬入した乳酸菌飲料のプラスチック製の容器にヒビが入っていたらしく、中の液体が漏れていたらしい。確かに身に覚えがあった。

食材は、塀の外にある倉庫から台車に載せて専用口から搬入する。外から刑務所の中に入る際には少し上り坂になっていて、炊場の扉部分にも段差がある。台車にたくさん食材を積んでいると、その重さから上り坂と段差を一気に越えられるよう、台車に足を引っかけて、やや助走をつけて踏み込むように勢いよく押さなければならない。

その日、乳酸菌飲料を運んだのは私だ。踏み込みが強すぎたのか、勢い余って段差を越えた衝撃で、積んでいた10本入りのパックを落としてしまったのだ。そのとき、宇井君はちょうどその場にいた。ひび割れはそのときにできたのだろう。しかし、その場で見た限りではパックに損傷がなかったため気づくことができず、時間が経ってから漏れてきたようだ。現場に居合わせていた彼は、犯人が私であることが最初からわかっていたのだ。

「あぁ、ゴメンね。ひび割れしてた？」

のんきに答えた私に、彼はややムッとした感じでこう続けた。

「俺たち、そのせいで疑われたんっスよ」

あぁ、そうでした。ここは刑務所……。「ゴメンで済むなら警察要らん」とは、よく言ったものだ。休日に私がいないところで、

「誰がやったんだ！」

と怒られたのだそうだ。

彼らは必死に身の潔白を訴えたのだが、なかなか信じてもらえず、疑いが晴れたわけではなかった。そこで、私に自白（？）を求めてきたのだ。運よく？　運悪く？パックを落としたのはバッチリ監視カメラに映る場所だ。すぐさま、追及してきた刑務官のところに行って説明することにした。

「すみません。乳酸菌飲料のひび割れは私のせいです。炊場に搬入したときに台車から落として破損させたのだと思います。録画を確認していただければ映っていると思います」

その結果、無事に彼らの身の潔白を証明することができた。危うく冤罪《えんざい》事件を起こすところだった。そのせいで彼らが取調室に連れていかれたら、仮釈放も延びてしま

うかもしれないし、一生恨まれてしまうかもしれない。土日の間は白か黒かハッキリせず、グレー扱いだったが、私の証言により彼らは晴れて「無罪確定」となった。彼らだけでなく、自分たちも監視カメラで常に見られているのは少々不快に感じなくもないが、そのおかげで身を守ることもできるわけだ。

また別の日には、こんなこともあった。炊場の入り口には手洗い場があり、ペーパータオルと消毒用のアルコールが設置されている。アルコールはセンサー式で手をかざすと自動的に噴射される形式のものだ。その前を通りかかったとき、偶然センサーが反応してアルコールが顔に噴射されてしまった。驚いた私は咄嗟《とっさ》に、

「キャー！」

と、悲鳴を上げてしまった。それほど大きな声でなくても、男性しかいないはずの空間で甲高い叫び声が上がれば悪目立ちしてしまい、その場が一気に凍りつく。運悪く、ちょうど近くに居合わせた西沢君。彼は、たまたま冷蔵庫に材料を取りに来たところだった。

しかも、担当刑務官も近くにいたため、反射的に叱りつけた。

「何やってんだ！　西沢！」

どんぐり眼《まなこ》で彼は訴える。

「俺、何もしてないっス！」

これはまずい……と、

「すみません！　私が勝手に声上げました」

と、謝罪する。ふぅ、危ない危ない。で、また後から西沢君に怒られるのだった。

炊場男子たちだってお肌の調子が気になる

近頃の男子はお洒落にも気を使うものだ。炊場には着替えをしたり、作業用の白衣などを置いておいたりする職員用のロッカー室があり、施錠《せじょう》できるため、ここに受刑者が個人で注文したと思われる生活用品や雑貨が外から届けられている。ふ～ん、洗顔料とか保湿クリームなんて買うんだ。刑務所内でもスキンケアは常識なんだろうか。

そういえば沢畑君が揚げ物をしていたとき、こんなことを言ってきた。

「先生！　この揚げ油って、もう替えどきじゃないですか？」

フライヤーの油を全部取り替えると、3〜4缶の油が必要になる。なるべく節約したいところだ。

「う〜ん、そうねぇ……」

と、決めかねていると、

「油が悪いと、お肌にもよくないらしいっスよ」

「え？　そんなこと気になるの？」

「当たり前じゃないっスか！」

そりゃあそうだよね。ここではみな坊主頭だし、同じ服着てるから個性なんて出しようがないけど、社会にいたらこの子たちだって茶髪だのピアスだのしたいだろうし、流行のスニーカー履いたりしたいよなぁ。それができないから、お肌を整えることに向かうのだろうか。

彼らは何とも思っていないだろうが、私がひそかに楽しみにしているのが年に一度の運動会だ。そのときに着る体操服のハーフパンツ姿が好きなのだ。

真っ白の体操服を着て整列しているだけでキラキラと眩《まぶ》しく見えてしまい、「おぉ！カッコいい」とテンションが上がってしまうのだから、私の目も塀の中にしっかり染まってきたのかもしれない。赤白帽《あかしろぼう》までが運動会コーデの差し色というか、カッコいい小物づかいのように見えてしまうから不思議だ。

それとは反対に、超絶ダサいと思うのが避難訓練に使われる防災頭巾姿だ。そういえば娘たちの幼稚園時代、災害時には防災頭巾として使える座布団があったが、まさにそれだった。お揃いのそれを坊主頭の彼らが被って整列している姿は、かさ地蔵のようだ。いや、かさがかなり鋭角で長いので、飛驒《ひだ》高山の合掌造り《がっしょうづく》のコスプレ集団にも見える？　まぁとにかく、大の男がそんな格好をしているのに真面目に訓練をしなきゃいけないのだから、本人たちも刑務官もよく笑わないでいられるものだと感心してしまう。

そんな超絶ダサい姿をしているところに、真正面から居合わせてしまったことがある。めちゃくちゃおもしろくて、思わず目を見開いてしまったところ、刺青が映える色白でいつもクールな諸川君と目が合ったのだ。一重瞼《まぶた》で切れ長の目元が私と目が合った瞬間にどんぐり眼になり、サッと目を逸らした。やはり、超絶ダサい自分を凝視されて恥ずかしかったのだろう。申し訳なかったなと、あとで反省した。

「ふう」と論破され久我君ガックリ

少し前までは世間ではマリトッツォが流行っていた。しかし、この本が出る頃にはもう消えているだろう。流行りの食べ物はサイクルが短い。

刑務所の中でも流行りの食べ物の話題は出てくる。年に一度行う給食に関するアンケートには、お菓子類のリクエストにさっそく「マリトッツォ」と書いた者もいた。すでに巷《ちまた》には、マリトッツォの流行りにあやかろうとする「なんちゃってマリトッツォ」があふれている。たまごッツォ？　たまごサンドでしょ。どらトッツォ？　どらやきですよね？　なんちゃっては失礼なのかな。どうやら進化系というらしい。さまざまありすぎて、もはやどれが本物のマリトッツォなのかわからないくらいだ。

塀の中の彼らも、世間一般と同じく流行りのものに敏感だ。食べ物に限らず、流行りの曲なんかもそうだ。ちなみに私は音楽関係の情報に疎《うと》く、とくに好きなアーティストもいない。通勤の車の中では何か音楽が流れていればいいので、ＦＭラジオを聴いている。よく聴くと思ってはいたけど曲名もアーティスト名も知らなかった私に、瑛人《えいと》の「香水」という曲だと教えてくれたのは受刑者だった。

外なら簡単に検索できる事柄でも、彼らにはスマホがなく、テレビや新聞、差し入れされる雑誌くらいしか情報源がない。外の世界から遮断され、時間の流れから取り残されてしまっているかのような彼らにとって、〝流行りもの〟は社会とのつながりを感じられる数少ない媒体の一つなのかもしれない。それほど情報は貴重で興味深いものなのだ。


数年前、タピオカブームがあった。世の中では炭水化物を制限するダイエットが流行っているのに、炭水化物であるタピオカも同時に流行するという矛盾……。一時的な流行なんてそんなもんだろう。その程度のものだったとしても、塀の中のスイーツ男子たちだって一緒に乗っかりたいのだ。そこで、祝日に出すお菓子「祝日菜《しゆくじつさい》」としてタピオカを出そうと考えた。ちなみに今度のお菓子は何が出るのか……。これも彼らにとっては興味の的で、誰もが知りたい情報なのだ。

当時、タピオカブーム全盛期の頃、名古屋にできたタピオカ屋さんには最長5時間もの待ち時間ができたとニュースで報じていたところだった。流行のタピオカそのものは刑務所では入手できないし、予算も限られている。そこで、予算に見合ったもので、それらしい雰囲気が味わえるデザートを出すことになった。

タピオカデザートを出す日は祝日で、私は休みなので祝日明けに出勤して、さっそく彼らに感想を聞きに行った。

「おはよう。昨日のタピオカどうだった？」

「先生！　あれってタピオカじゃないですよ！」

少し不満げに答えたのは久我君だった。彼はここでは刑期が長いほうで、古株だ。

「俺、娑婆にいる頃に本物のタピオカ食ったことあるからわかります！」

「へぇ、そうなんだ」

タピオカブームはこれまでに3回ある。1回目は白くて小粒のタピオカ入りココナツデザートだった。2回目から大粒の黒いタピオカミルクティーになり、3回目も同じだ。彼が食べたのはきっと2回目なんだろうな。娑婆でもスイーツ男子だったのだろうか。そんなことをぼんやり考えていると、さらに追及してきた。

「なんか違うなと思って、原材料表示、見たんですよ。そしたらタピオカ（こんにゃく）って書いてあったんですよ！　こんにゃく嫌いな馬場君なんかゲーって言ってましたよ」

「あら～、原材料表示、見たんだ。偉いね。勉強になったね」

「タピオカだと思ってたのにタピオカじゃないなんて、ガッカリですよ」

「あら、そう？　ちゃんと商品名よく見た？」

「え？」

「あのね、商品名はタピオカ風ミルクティープリンだよ。タピオカ風ってことはタピオカじゃないってことだよ」

「え？　そういうこと？」

「そう。そういうことよ。嘘は言ってない。君たちが勝手にそう思っただけでしょ」

「くそ～！　騙《だま》された！」

「でも、ここであんなの出すのは珍しいし、おいしかったでしょ？」

「うまかったっスよ、味は。でも、なんか悔しいなぁ」

「ネーミングや表向きのパッケージはいいことしか書いてないからね。本当に大事な情報は裏面に書いてあるものだから。久我君が原材料表示見て確認したことは、褒めてあげるよ」

「はぁ、あざっす……」

開口一番、不満をぶつけてきた久我君は、私の論破によりあえなく撃沈となった。

尾藤君の「でいいっスわ」からの説教大会

炊場の休憩時間中のことだった。あれが食べたい、これが食べたいと彼らは矢継ぎ早にリクエストをしてくる。まるでお腹を空かせた息子たちがママにおねだりをするようだ。そんなとき、尾藤君がこう言い放った。

「チキンライスなんかどうですか。鶏はむね肉でいいっスわ」

とたんに、私の怒りのスイッチが入った。

「はぁ？　むね肉『で』いいなんて一体どの口が言ってんの？」

ややガラ悪く巻き舌だったかもしれない。一瞬、そこにいた全員が「え？」っと息をのんだが、その後も続けてマシンガントークになった。

「だいたいね〜！　『で』いいなんて何様のつもり？　謙虚さのアピール？　負担のないように気配りしてるつもり？　優しい俺に酔ってるんじゃないの？」

ますますシーンと静まり返ったが、それでも私の怒りが治まらない。

「料理ができない男に限って、奥さんに『そうめんでいいや……』なんて言ったりするんだよ！」

ここで松崎君が膝を叩きながら、大きな声で笑った。まさに図星！　きっと妻に「そうめんでいいや」と言ったことがあるのだろう。

「夏にたっぷりの湯を沸かして麺をゆでるなんて地獄だよ！　ここにいるアンタたちならわかるよね！　それにねぇ、そうめんに対して失礼だわ！（このクソが！）」

本当は（　）のセリフで締めたかったが、そこまで口に出すと暴言かなと自制心が働き、やめておいたが、彼らのほうに怒りの視線を向けた。

「すみません……」

尾藤君と松崎君が小さくつぶやき下を向いたが、その顔は半分笑っていた。私がヒステリックにまくし立てたのがおもしろかったのだろう。まぁいいわ。

「ふん！　気分が乗らないから、しばらくは君たちのリクエストなんか聞きません！」

せっかく彼らの意見をメニューに反映させたくて話を聞いていたのに、調子に乗らせてたまるか！と心の中で言い捨ててクルッと振り向くと、吉根刑務官とばっちり目が合った。そうだった。すぐ後ろに彼がいるのも忘れて、説教しまくってしまった。

「すみません……。ご指導ありがとうございます」

彼が目を伏せながら小さくそう言ったので、申し訳なかった。そういえば、吉根刑務官もあまり料理はやらないと言ってたっけ……。

きっと彼も奥さんに「そうめんでいいや」などと言ったことがあるのかもしれない。だとしたら、「このクソが！」まで付け加えなくて本当によかった。

多田刑務官がなす嫌いを克服？

「栄養士の先生！　味見をお願いします！」

そう言って、調理係の西沢君が試食を盛った小皿と箸を用意している。給食を作る現場では常に白帽子にマスクをしているため、彼の目元しか見えない。細身マッチョでクリッとした目元がチャーミングな青年だ。持ってくるときの彼の声が明るく、表情もナンバーワンシェフと呼ばれるだけあって自信に満ちているようだった。

薄暗い通路、しかも便所の前で彼から小皿を受け取る。豚ひき肉となすの炒め煮は中華風の味付けで、片栗粉でとろみがつけてある。掌《てのひら》サイズの皿にふた口くらいの量でもなかなか冷めないため、受け取ってもすぐには口に入れられない。しかし、彼の目が早く感想を聞きたいと待っているのがわかる。

「熱いからちょっと待ってよ」

初夏だから目立たないが、冬なら熱々の湯気が立っているだろう。とくに猫舌というわけでもないが、目の前でじっと待たれるとどうしても急かされる。ふうふうと冷ましてからようやく口に運ぶのだが、それでも熱い。

「まだ熱いんだけど……」

なかなか冷めないもんだから、なんだかんだ時間稼ぎをしてからようやく食べる。ちなみに煮込んだなすは恐ろしく色合いが悪い。なすの色素は水溶性のため、油で揚げてからさっと煮れば、紫色の皮とわずかに翡翠《ひすい》色を帯びた実の部分のコントラストが効いていて美しく仕上がるのだが、ここではそうはいかず泥んこのような仕上がりだ。

「熱っ！」

「大丈夫ですか？」

「うん、大丈夫。いい味に仕上がってるよ。おいしい」

そう褒めると、彼はホッとした表情を見せた。はふはふしながら食べ終え、口元に手をやると、そこへ通りかかった尾藤君が手洗い場のペーパータオルを差し出してきた。口元に味噌がついてしまったのだ。それを瞬時に察した彼は、「どうぞ、これでお口を拭いてください」とばかりに通りすがりにサッとペーパータオルを取り、スマートに渡してきたのだ。そのタイミングがまるで示し合わせたかのように絶妙だった。

私が炊場で作業すると彼らはとても協力的だし、親切だし、レディファーストだ。恐らく私がしっかり彼らの胃袋を摑《つか》んでいるからだろう。管理栄養士は多くの場合、同職種がほかにいないひとり職場で孤独な商売だ。病院なら看護師、老人施設なら介護士など、その職場で大多数を占める職種に比べると影が薄く、存在感がない。看護師や介護士などの現場職員らの要望を、「できません」とはねつける調理員との板挟みになりがちだ。多勢に無勢で栄養士の意見が聞き入れられないことも多い。

刑務所の場合は刑務官が大多数。しかし、ここ炊場に限っていえば、ちょっと事情が変わる。娑婆の給食施設では、栄養士が調理員の機嫌を損ねないように気を使いがちだが、ここでは調理員の受刑者に私が気を使う必要はない。それどころか、彼らが私の機嫌を損ねてしまったら、自分たちに得なことはないと損得勘定《そんとくかんじょう》が働くのだろう。

「私を怒らせたらメシがまずくなるよ！」

などと言ったら脅迫だろうか……。


さて、さきほどのなすの味見のエピソードにはまだ続きがある。

試食を終えた私は、次に担当の多田刑務官を呼んだ。

「多田先生！　味見オッケーです。先生は味見しましたか？」

そう尋ねると、彼は半分笑って、半分困った表情でこうこぼした。

「栄養士さん、最近なすのメニューが多くないか？」

「だって旬ですからね」

私もニヤッと笑って、間髪《かんはつ》入れずに言い返す。実は彼はなすが苦手だ。しかし、担当刑務官という立場ゆえ、味見をしなければならない。そして負けず嫌いの彼は、受刑者に対して弱みを見せたくない。そんなプライドもあるのだろう。少しでもなすのメニューを減らそうとしてか、そんな難癖をつけてくるのだ。

ちなみに旬だと言っておきながら、使っているなすは外国産の冷凍揚げなす。正直、旬だという理由も説得力がない。そのため、もっともらしい言い訳を追加した。

「豚ひき肉となすの炒め煮は人気メニューですから、これからも出しますよ」

隣で西沢君も笑いをこらえながら、私たちの会話を聞いている。

「お前、何笑ってんだ！」

「いえ！　笑ってません！」

彼の大きな目は、明らかに細くなり目尻も下がっていた。マスクで口元は見えないものの、笑っていたに違いない。刑務官のなす嫌いはとっくにここのメンバー全員にバレている。武道の猛者《もさ》らしいがっしりした体格の多田刑務官が、なすごときで弱音を吐いているなんて正直笑える。西沢君がその場を去ったのを見計らって、こっそりこんなことをブツブツ言う。

「アイツら、なすのときは味見を大盛りにするんだ。絶対嫌がらせだよな……」

受刑者が気に入らない刑務官に嫌がらせをすることはよくあることらしい。

けれども今回に関しては違うだろう。立場上、厳しく叱責《しっせき》するようなこともあるが、基本的には多田刑務官の発言には筋が通っており、人望も厚く炊場の受刑者から慕われている存在だからだ。そんなことは、日頃の受刑者らの言動や態度から察しがつく。なすのメニューが出るたびに文句を言っていた彼だが、数カ月するとこんなことを言うようになった。

「栄養士さん、俺ね、家じゃあなす食わないんだけどさ。ここの炊場で作ったなすなら食えるんだよね。不思議だけどさ」

「よかったじゃないですか！　受刑者愛ですね」

受刑者がせっせと大盛りの味見を運んだおかげでなす嫌いを克服できたなんて、滅茶苦茶ウケる。

調理師免許と再犯防止

「俺、こいつ知っとるわ」

お昼休みにつけたテレビを見て、上司がこう言った。確か通り魔的な犯罪のニュースで、容疑者の名前が出ていたのだ。上司が以前勤務していた刑務所の受刑者だった男のようだ。ふだん、おちゃらけたことばかり言っている上司が、このときは神妙な面持ちでそのニュースを見ていたのが印象的だった。刑務所は更生させる施設だが、更生させられなかった現実を目の当たりにして、どんな気持ちだったのだろう。

5年ほど前から調理師免許を取りたいという声を聞くようになった。調理師免許は中学卒業資格に加えて2年の実務経験で受験でき、独学でも十分取得できる。調理師免許を取ったからといって、就職に有利と断言できるほど甘くはない。善良な市民であっても希望の職に就ける保証はないのに、「前科者」となればなおさらということは簡単に想像がつく。彼らが本当に大変なのは娑婆に出てからだろう。

それに、コロナ以降飲食店の経営は厳しいと聞く。しかし、調理師免許は一生ものの国家資格であり、彼らにとって自信になることが一番のメリットだ。それに、炊場受刑者が自主的に勉強することで、衛生知識や調理技術のレベルアップが見込まれる。自信をつけ、仲間にも指導したり頼られたりする存在になれれば、炊場全体にもいい影響が出てくるはずだ。

近県の某刑務所では、平成29年度から刑務所内で調理師試験を受けることができる。再犯防止施策の一環としての試みだという。刑務所内での調理期間も所属長が許可すれば、実務経験として認められる。調理師試験を管轄する都道府県としても再犯防止推進計画の実績になるからであろうか、当所でも意外にすんなり要望が通り、令和4年度に初めて調理師試験を実施することができた。刑期が長いだけにいろんな役割をひと通り経験し、今ではリーダー的な存在になっている桜庭君が受験し、無事に合格した。

実は、彼らが刑務所にいる間にいろいろな資格試験に挑戦するのは、出所後の就職に役立てたいという前向きな動機だけではない。第1章でも説明したように、資格ごとに稼げるポイントがあり、半期ごとに決まる彼らの成績にプラスになるからだ。彼らが身に着けている名札は成績の区分により色分けされているため、周りからも一目《いちもく》瞭然《りょうぜん》。レベルが上がれば、「見て！　見て！」とばかりに胸を張って歩きたくなるのだろう。つまり、一目置かれる存在になれるのだ。彼らが資格取得を目指すのは、刑務所内での生活レベルを上げて、よりストレスなく快適に過ごすためのポイント稼ぎ目的だったりもするわけだが、動機なんぞはどうでもいいと思っている。

長年保護司として活動してきた「広島のばっちゃん」こと中本忠子《ちかこ》氏は、お腹を空かせた多くの非行少年たちに自費を投じて食事を与えてきた人だ。現在はNPO法人

「食べて語ろう会」理事長である。彼女は、ある講演会でこう発言されていた。

「善悪で教えるより、損得で教えるほうが早い」

よい方向への行動変容につながるのであれば、損得勘定から来る動機でも構わないということだ。女の子にモテたくて始めたギターであっても、そのおかげで人気バンドになったのであれば、結果オーライだ。

「先生、調理師免許って俺でも取れますか？」

突然、そう尋ねてきたのは、宇井君だった。

「テキスト買って勉強すれば受かると思うよ。宇井君は自動車免許もってる？」

「もちろん、もってます」

「一発合格だった？」

「はい！　もちろん」

「すごいじゃん！　私の感覚だと同じくらいの難易度だと思う。勉強すればできるよ」

実は私は運転免許の試験に一度落ちている。ほかにも、過去に合格率が比較的高いから楽勝だと高をくくって受験した資格は結構落ちている。

日本糖尿病療養指導士もそうだった。クリニックから受験費用も出してもらいなががら落ちてしまったものだから、申し訳なくて恥ずかしくて、翌年は自費で受験して合格した。筆記用具も持たずに受験会場に行ってしまったことに、試験の神様が「なめんなよ！」とお怒りになったのだろう。同じクリニックから一緒に受験した看護師さんにシャーペンを借り、消しゴムもちぎってもらったのに申し訳なかった。

ケアマネジャーに至っては、せっかく受験資格があるのだから受けよう。受かればラッキー！くらいの気持ちで手続きした。その後送られてきたテキストの分厚さに、気持ちが完全に萎《な》えた。結局、一度チラ見しただけのテキストは古本屋に持っていき、受験もしなかった。このような過去の失敗も数年経てばこうしてネタになる。そのおかげで、宇井君に根拠のない自信を与えることができたのだからよかったと思う。

どのような資格でも、それはゴールではなくスタートだ。仮釈放が近いと聞いていた宇井君は調理師試験に意欲を見せていたが、ここでの実務経験が2カ月ほど足りなかった。社会に出て調理師試験を受けるためには、不足する2カ月分の実務が社会に出てから必要になる。

「急いで出なくてもあと2カ月、ここにいればいいのに」

そう言うと彼は、

「いや、それは勘弁ッス」

と笑った。その後、宇井君は本人の予想通り仮釈放が認められ、実務経験不足のまま卒業していった。恐らく彼は、今も調理師試験を受けていないと思う。しかし、受けようが受けまいが、彼が興味をもって意欲を示してくれただけでうれしかった。

彼は漁師になりたいと言っていたらしい。色白で細身の彼が、今頃はよく日焼けした逞《たくま》しい海の男になっているのだろうか。

塀の中では食べられない「湯気が出るもの」

受刑者は仮釈放が決まると、それまでの刑務作業からは外されて、別の部屋での生活になる。その間、社会へ戻るためのカリキュラムが用意されており、その一部に健康管理がある。ある幹部がそれを管理栄養士に任せたらどうかと提案してくれたことがきっかけで、かれこれ8年ほど前から関わってきた。

仮釈放は、とくに問題行動も起こさず生活した者であること、身元引受人がいることや保護司への報告義務等を条件に残りの刑期が免除される制度だ。仮釈放がほしくて、彼らはひたすら真面目に生活しようと「無事故無違反」（刑務所内で事件を起こして取調室に入ったり、トラブルなど起こしたりしなければこう呼ばれる）めざしてがんばるのだ。釈放前教育で意識していること、それは彼らの呼び方だ。ふだん炊場の受刑者のことは「○○君」と呼んでいるが、この時間は「○○さん」と呼ぶようにしている。誰に言われたわけでもない。ただ何となく、けじめのようなつもりでそう呼ぶようにしている。

炊場にいた粕谷《かすや》君の場合も「粕谷さん」と呼ぶことにした。本人は、同席する教育専門官の手前、いつもと違う呼び方をしていただけだと思っていたかもしれない。

粕谷君はちくわの磯辺《いそべ》揚げ事件で、取調室にしょっ引かれたことがある。ちくわに付ける揚げ衣を自分たちの分だけ二度付けして仕上げたようで、ほかの工場の磯辺揚げより5割増しくらいの大きさに仕上がっていた。この事件が支障をきたさないか心配していたが、ちゃんと仮釈放がもらえてよかった。

この時間に必ず聞いているのが、社会に出て最初に何を食べたいかということ。多くの人は「マックのハンバーガー」とか「ミスドのドーナツ」とか、「焼肉」「ステーキ」といった刑務所内で食べられなかったものを答える。しかし、粕谷君が挙げたのはそういう類のものではなかったため、とくに印象深かった。

「湯気の出たものが食いたいっスね」

なるほど……。刑務所の配膳《はいぜん》室では台の上にずらっと食器を並べ、配食係が主菜や副菜を均等に盛りつけていく。それを刑務官がチェックし、許可されてから各自に配られる。そのため、せっかく二重構造になった保温食缶に入った煮物でもすっかり冷めてしまうのだ。

炊場の食堂なら温め直すこともできるが、それだと不公平になるため、彼らはいつも冷めた料理しか食べられない。夏なら冷たいデザートでもぬるくなってしまう。

「そうだよね〜。君たち湯気の出た熱々のラーメンなんてご無沙汰だもんね……」

料理の温度は、おいしさを判定する上で重要なポイントだ。それぞれに適温があり、それによって味覚も左右される。キンキンに冷えたコーラはおいしいが、ぬるいコーラなど甘ったるくておいしくない。うどんやラーメンは熱々をすするのが醍醐《だいごみ》味であって、ぬるくて伸びた麺類など、価値がないに等しく、味はかなり劣る。

唯一、熱々で食べる方法がある。それはお茶割りだ。お茶は、食事が配られる直前に各部屋のやかんに入れてもらえる。お茶用の食缶は大きく、容量がたっぷり入るため、お茶だけは熱々で届くのだ。朝の味噌汁をお茶割り作戦で温かくしたいために、味噌汁は濃く仕上げたい、そしてお茶は薄く淹《い》れたいというのが彼らの願いだ。

少しでも快適に、少しでもおいしく、そういった創意工夫というか生きていく知恵は素晴らしいと思う。麺類も熱々で出せればいいが、難しい。それに、刑務所の食事時間は10分程度と短い。もしも熱々を出したとしたら、猫舌の人だと冷ましているうちに時間切れになってしまうかもしれない。

粕谷君の湯気発言以来、彼らに必ずこんな注意をするようになった。

「熱々の食べ物に不慣れになった君たちは、『ふーふー』する習慣を忘れてるよね。娑婆に出たらラーメンやうどんは熱いものだから、ちゃんとふーふーしてから食べなさいよ。火傷《やけど》するからね。ここにいるうちに練習しておきなさい」

こう指導するようにしている。

釈放前指導で私がいつも伝えていること

食生活と犯罪には因果関係がある。心理栄養学者である岩手大学名誉教授の故大沢博氏は、低血糖症と犯罪の関連性やジャンクフード症候群について、それらが暴力や無気力、感情コントロールができないことにつながる可能性を指摘している(「犯罪・非行と食生活」、月刊誌『刑政』、矯正協会刊、平成7年2月)。

「ヒト」の身体が食べ物からできていることは、紛れもない事実である。となれば、思考や行動を司る脳を作るのも食べ物だといえる。しかし、そのことを意識している人はどれほどいるだろうか。空腹を満たせればよい、簡単で安ければそれでよい、そのような考えでは「心身ともに」健康ではいられないのが現代なのである。

食育というと子ども対象に考えられがちであるが、大人にこそ必要だと考える。今や、健康に関する情報はあふれているが、それを正しく選択できているかは疑問で、誤った認識をもっていたり、都合よく解釈したりする者が多いと感じるからだ。

糖尿病クリニックに勤務していた頃など、よくそんな患者に出会った。

30年近く前のことだが、ココアが大ブームだった時代がある。人気大物司会者のみのもんた氏がお昼の番組で特定の食材を取り上げると、それが爆発的に売れるという時代があった。店頭からその食品が消え、品薄状態が長引くという現象がよく起こった。そうなると、医師がその食品は食べないようにと説明しても、

「みのもんたが身体にいいと言っていた」

と、頑《かたく》なにアドバイスを拒否する年配の患者さんがいるのだ。患者さんたちに栄養指導をしていた私は、

「〇〇さんのお身体のことを一番よく知ってるのは、ここの先生です。みのもんたさんは、とくに病気でもない一般の人向けに言ってるんですよ。だから、ここの先生のアドバイスを聞いてくださいね」

と、ゆっくり説明するのだが、なかなか素直に納得する人が少なかったと記憶している。人は、自分にとって都合のいい情報のほうを信じやすい。とくに患者さんにとって大好物なのに制限されている食品だった場合、影響力のある著名人が「身体にいい」と強く推奨していたら、否定された自分を理解してくれる存在なのだと崇《あが》めてしまうのだろうか。ある種、承認欲求が満たされるのかもしれない。

好きなものを好きなときに好きなだけ食べられる飽食の時代においては、食べ方を学ばなければ健康を維持するのが難しい。刑務所にいれば、生活習慣病を予防する規則正しい〝完璧な〟食生活を送ることが可能だ。暴飲暴食も酒タバコなどもない。強制的に健康管理されているため、入所時に肥満だった者が激痩せして卒業することなどよくある。

「母親が面会に来るたびに心配していました」

そう話す受刑者がいた。ここに来てから20キロも痩せたという。それだけ痩せれば風貌だってかなり変わる。私だって、長女が1人暮らしをしていた頃は、何を食べているのか気になってよく尋ねたものだ。彼の母親の気持ちにも十分共感する。彼は、

「ライザップなら、きっと100万円くらいかかりますね」

などと言う。テレビCMがいくら有名だとしても費用の情報まで知っているとは、どこで仕入れたのだろう。受刑者の私物を管理する領置《りょうち》担当のところに行くと、家族からの差し入れ品であろう書籍類が置かれていることがあり、どうしてもチラ見してしまう。漫画やいわゆるエロ本、雑誌などもあるから、男性向け健康雑誌『ターザン』でも差し入れしてもらっているのかもしれない。そんな100万円かかるようなもの

がここではタダで手に入るのだからもっと感謝してもいいと思う。

「今の自分のほうが絶対イケてるでしょ」

そう言うと、その彼は少し照れた顔をした。20キロ増だった頃よりイケメンになった自覚があるのだろうと推測する。

「それならここを出てからもキープしようよ。ダボダボの昔の服なんて捨てちゃってカッコいい服が着られるよ、きっと」

まだ若い受刑者には健康のためにと注意するよりも、カッコいいと褒めたほうが刺さるに決まっている。それがわかっているから、大げさにカッコいいと言ってみる。

彼だけでなく、釈放前指導の時点では、ほぼ理想的な健康体重になっている者が多い。やはり、刑務所の給食は健康を維持する上で理にかなっているのだろう。

昔から刑務所の食事は「クサいメシ」と言われてきた。クサいメシを作るなんて管理栄養士として、やりがいはあるのだろうか……などと最初は思っていた。ところがどうよ、べつにクサくないし！　とりたててまずいわけでもない。自分で言うのもなんだが、おいしいメニューだってもちろんある。

この本を書く目的の一つに、刑務所の食事を正しく伝えたいという想いがあった。

息子を心配する母親に伝われば、安心してもらえるのではないだろうか。ただでさえ、家族が刑務所生活を送っていることは心労が絶えないであろう。ここに刑務所給食の実態を書くことで、そのうちの一つでも軽くしてあげられるのなら光栄だ。

あるニュースでこんなことを知った。食材の高騰《こうとう》により某自治体の学校給食の質が落ちて、エビフライは出せないかもなどとテロップに出ていた。そして、その給食は「刑務所よりひどい」と表現されていた。思わず、クレームの電話をしたくなってしまったことがある。しかし、未来ある子どもたちの給食より、罪を犯した受刑者らが意外に満たされた食事を与えられているとしたら、こちらが非難されるかもしれない。世間一般の感情としては、刑務所給食は質素であるべきなのであろう。

釈放前指導では、いつもこう締めくくっている。

「食べることって楽しいよね。ここでの生活は嫌なことがたくさんあったと思うけど、学ぶこともあったと思うよ。将来健康診断で注意されるようなオジサンになったら、昔、栄養士さんに教えてもらったなぁって、今日の話を思い出してくれたらうれしいです。これで、私の話を終わります」

おわりに

卒業生への手紙

ある刑務官は、出所した受刑者から手紙をもらったことがあるらしい。

「あのときはありがとうございました」

と、感謝の言葉が綴《つづ》られていたそうだ。元受刑者からの手紙ということで、検閲《けんえつ》担当の刑務官に内容をチェックされたそうだ。ほかの職員には知られたくない内容も一部書かれていたらしく、

「困るんだよなぁ」

とボヤきつつも、その顔はうれしそうでうらやましかった。

「刑務所で働いてるなんて口外しないほうがいい」

刑務所に勤務し始めて間もない頃、上司にこう言われた。刑務官は恨まれ稼業。下手に刑務所で働いていることを周りに知られると、逆恨《さかうら》みされたり、嫌がらせを受けたり、トラブルに巻き込まれる可能性があるという。だから、刑務官が外で刑務官だ

と名乗ることはほぼなく、公務員だと言うらしい。そんな暗黙のルールがあるのだ。そんなことを聞いていたから、感謝の手紙をもらうなんて驚いた。

今までに私が関わった受刑者はそろそろ100人くらいになるだろうか。北は北海道、南は沖縄出身者までさまざまな人たちと関わってきた。1日24時間、彼らの行動を見ている刑務官と違って、私は炊場《すいじょう》に配置された一部の受刑者と関わるだけだ。しかも炊場に出ている間の彼らしか見ていない。それでも、「みそポテサラダは西沢君考案」「オムレツ事件は吉田君たち」と、過去のエピソードが次々と思い出される。

今、彼らはどうしているのだろうか——。

そして、ふと思いついた。手紙が届くのを待つのではなく、こちらから手紙を出そうと。その手紙がこの本だ。


法務省が「犯罪白書」で発表している通り、日本では認知件数も検挙人員も絶対数は減っている。その一方、看過《かんか》できないのが再犯者率の上昇だ。これは現在の受刑者が出所後に再び刑務所に舞い戻る確率だと思われがちだが、そうではない。検挙された犯罪者のうち、再犯者が占める比率である。この再犯者率が長期的に上昇傾向にあるということは、犯罪を繰り返す者が多いということを示している。

法務省は「再犯防止」をスローガンに掲げ、そのための施策に取り組んでいる。再犯に至る理由は、住む場所や働く場所が確保できないからだと聞く。それでも近年は「コレワーク」という部署ができ、民間企業から理解ある協力雇用主を募り、就職を希望する受刑者とのマッチングを行っている。また、刑務所内で就活フェスタのような取り組みを行う場合もある。

このような取り組みがもっと社会に知られるといいのにと思う。人生はいつからでもやり直しができる。そんな世の中でなければ国は存続していかないのではないか。失敗を許し許される世の中でなければ再犯はますます増えていくだろう。ただ安直に元受刑者を受け入れてあげてほしいと思っているわけではない。被害者が加害者を恨んだり、許せないと思ったりするのは当然のことだろう。

けれども、この本を読んでいる大多数の人は、加害者でも被害者でもない第三者ではないだろうか。他人の過去を非難して表舞台から引きずり下ろす、そういった出来事は枚挙に暇《いとま》がない。SNSの浸透もあり、第三者によるバッシングや差別による影響は大きい。

もう一つ、出版の最大の理由は、刑務所の中の出来事がもっと一般に知られてもいいのではないかと思うからだ。刑務所という特殊な施設であることや守秘義務が伴うこと、そんな事情から刑務所の職員は家族にさえ詳しく伝えることはないという。それなら、出版という形ならば堂々とできるだろうと考えた。

数年前に人事院・法務省が作成した刑務官募集のポスターには『人と向き合う仕事。』というフレーズが使われている。しかし、これが世間には伝わっていない気がするのだ。刑務所を舞台とした本、ドラマや映画は数多くあるが、受刑者目線の作品が多い。たまには職員目線の本があってもいいじゃないか。ただし、暴露本にしたいのではない。だから、現役公務員のうちに書いておきたかった。

この本を書くにあたって、法務省矯正局の総務課長をはじめとする、多くの矯正職員が協力してくれたが、反対意見があったのも事実だ。一時は完全にこの企画が頓挫《とんざ》してしまうのでは……と落ち込んだ時期もあった。しかし、幸運にも奇跡的な出会いにより諦めずに済んだ。むしろ、反対意見があったからこそ、応援してくれるコミュニティや公務員、栄養士仲間の存在が心強く、ありがたみに気づかされた。また、このような企画に興味をもってくださり、わざわざ当所を訪ねてくださった朝日新聞出版の編集者、海田文氏には足を向けては寝られない。そのほか、この本に登場する刑務官はもちろん、ネタを提供してくれる現役受刑者や卒業生には感謝しかない。

刑務所の食事なんて、どうせ誰からも評価されないし、その必要もない。おいしくはないメシで、かつクサいメシ、さらに栄養価も満たすメシって何なんだろう？　そんなふうに悩んできた。そんな私を救ってくれたのは、彼らの「ウマかったっス」という言葉だった。ここに来てからの10年余で確実においしくなったという自信があるが、この卒業生たちへの手紙に「またおいで」とは書けないのが残念だ。

この本が世に出る頃はきっと、クリスマスやお正月のメニューに頭を悩ませている頃だ。そして炊場の息子たちはソワソワして、私にいろいろリクエストしてくるに違いない。4月に交替した若手の炊場担当の刑務官は、ＹｏｕＴｕｂｅを見て料理をするようになったそうだ。彼考案のメニューが登場する日も近いかもしれない。

東野圭吾氏の著名な作品に、犯罪加害者家族の葛藤を描いた「手紙」がある。獄中から弟に手紙を書き続けた兄が物語の終盤に「書くべきではなかった」と悔やむ表現があり、私の記憶に深く刻まれている。私のこの「手紙」は賛否両論あるかもしれないが、最終的に「書いてよかった」「やはり書くべきだった」と思いたい。

２０２３年９月

黒柳桂子

解説

更生を支える「食」

罪を償《つぐな》い更生するための矯正施設、刑務所。

本書には、著者が管理栄養士として働く、刑務所「炊場」での日常が爽やかに描かれています。誰にとっても生きていくために不可欠で、関心のある「食」。ムショラン・レシピに「食べてみたいな」と思い、エピソードに「人間みんなそうだよね」と共感しながら読むうちに、実は、「食」が受刑者の更生にとって重要な基盤となっていることに気づかされます。

食事を作って楽しく食べることは「健康の源、生活の基本」、指導を受けながら調理に携わることは「職場で働く訓練」、「そうめんでいいや、なんて失礼」と注意されるのは「相手を思いやる姿勢」を学ぶこと……こうした数々の経験が、彼らの更生を図り、社会復帰を支える、生きた人間教育、実践的な生活指導となっているのです。

少しでもおいしいものを食べさせたいという思いから、著者は刑務所ならではの、実にさまざまな工夫を凝らします。調理のしやすさ、腹もちの良いもの、とあくなき追求を続けるところに、プライドと仕事魂を感じます。

著者は、彼らの罪名も生育歴も知りません。だからこそ自然体で、圧倒的多数を占める刑務官とは異なる役割を果たしているのでしょう。こうした専門職の力、外からの視点は大切です。男子刑務所で女性が当たり前に働いていることの意義も伝わってきます。

令和4年に刑法が改正され、懲役刑と禁錮《きんこ》刑は一本化された上で、改善更生を刑罰の理念とする拘禁《こうきん》刑となります。今後、刑務所にもさまざまな専門職が増え、刑務官と協力して処遇に当たるようになり、男子刑務所で女性が力を発揮する場もさらに増えることでしょう。

罪を償った人がもう一度やり直せる社会は、新たな被害者を生まない社会でもあります。彼らが偏見なく社会に受け入れられ、まっとうに生きていってほしい、という著者の願いが最後に書かれています。刑務所の「食」を通じたこのメッセージが、読者の皆様に受けとめられることを願っています。

名執雅子（元法務省矯正局長）

黒柳桂子

くろやなぎ けいこ

1969年、愛知県岡崎市生まれ。
管理栄養士（法務技官・岡崎医療刑務所勤務）。
椙山女学園大学家政学部（現生活科学部）卒業。
老人施設や病院勤務を経て、病気の予防に興味をもつ。
出産育児を機に料理教室や講演等の食育活動をスタート。
10年間開催した「男の料理教室」ではのべ1000人の高齢男性に指導。
初心者男性が料理を覚えて家族に喜ばれることにやりがいを感じる。
2012年、刑務所の管理栄養士採用試験では
30倍の狭き門を突破し、採用される。
刑務所では制限が多いながらも「ワクワクする給食」をめざし、
受刑者たちの「ウマかったっス」を聞くため、
彼らとともに日々研究を重ねている。

イラストレーション
菅幸子《さすが》

レシピ写真
黒柳桂子

ブックデザイン
アルビレオ

めざせ!
ムショラン三ツ星《みつぼし》

刑《けい》務《む》所《しょ》栄《えい》養《よう》士《し》、今日《きょう》も受《じゅ》刑《けい》者《しゃ》と
クサくないメシ作《つく》ります

2023年10月30日　第1刷発行
2024年 9 月30日　第4刷発行

著者
黒柳桂子

発行者
宇都宮健太朗

発行所
朝日新聞出版
〒104-8011 東京都中央区築地5-3-2
電話　03-5541-8832（編集） 03-5540-7793（販売）

印刷製本
共同印刷株式会社

ISBN978-4-02-251906-1
定価はカバーに表示してあります。

JASRAC 出 2307236-404

落丁・乱丁の場合は弊社業務部（電話03-5540-7800）へご連絡ください。
送料弊社負担にてお取り替えいたします。